유인희 수필집

호주에서 터 잡기

소소리

호주에서 터 잡기

유인희 수필집

1판 1쇄 인쇄/ 2017년 4월 10일
1판 1쇄 발행/ 2017년 4월 15일

지은이 / 유 인 희
펴낸이 / 우 희 정
펴낸곳 / 도서출판 소소리

등록 / 제300-2007-21호
주소 / 03073 서울 종로구 성균관로 5길 39-16
전화 / 765-5663, 010-4265-5663
e-mail: sosori39@hanmail.net
www.sosori.net

값 12,000 원

*잘못된 책은 바꿔드립니다.

ISBN 979-11-5891-071- 6 03810

호주에서 터 잡기

유인희 수필집

소소리

책을 내면서

2009년 12월 겨울, 난 연신 눈자위를 쓸어내는 친정 식구들을 뒤로 한 채 브리즈번(Brisbane)행 탑승을 위해 공항 출구를 빠져 나왔다. 뿌옇게 앞을 가렸던 눈물은 기어이 뚝뚝 떨어졌고 열 시간이 넘는 비행(飛行) 동안 친정 부모님과 호주에 있는 아이들을 생각했다. 칠십 줄에 들어선 부모님은 내 가슴을 아리게 했고 아이들과의 재회는 그나마 위로가 되었다.

으리으리하고 세련된 인천 공항과는 달리 역사(驛舍)를 연상케 하는 브리즈번 공항에 첫발을 내딛는 순간, 외국 별것 아니라는 만만한 생각이 들었었다. 그렇게 나의 이민생활은 시작되었고 벌써 7년이란 세월이 흘렀다.

처음 1년 동안은 하늘을 제대로 느낀 적이 없었으며 문득 콧노래를 흥얼거린 시점은 이민 2년 차로 막 접어들 무렵이었다. 그리고 어느 날부터인가 어설픈 문장들이 뒤죽박죽 머릿속을 맴돌았고 난 씨름하듯 그것들을 어렵게 풀어냈다. 그렇게 시작한 나의 글쓰기는 때론 고통스럽고 실망스러웠지만 성찰과 평화의 시간이었으며 잃었던 자신감도 회복할 수 있었다. 이후, 나의 어쭙잖은 글쓰기는 퀸스랜드(QueensLand) 한인 문학회원들의 격려가 보태져 작품 수를 더하며 좀 더 단단해졌다. 이제 몇 편의 글들이 활자화되어 나보다 먼저 고국에 인사하는 결실을 맺게 되었으니 그 인연이 생각할수록 소중하고 고맙다.

제1부와 2부에 담긴 글들은 호주에서의 좌충우돌 체험기로 정보 제공을 염두에 두고 썼다. 체험의 기록이다 보니 지극히 주관적이며 단편적이다. 게다가 7년 밖에 안 된 애송이 이민자의 시각이라서 장님 코끼리 만지는 우(愚)를 범한 건 아닌가하는 자책도 든다. 널리 이해를 바란다.

제3부의 글들은 두고 온 것들에 대한 아쉬움과 그리움이 주제다. 특히 나는 집안의 장녀로서 노년의 친정 부모님을 제대로 모시지 못하고 있다는 부채의식이 있다. 그 죄송한 마음은 그들의 청. 장년 시절을 반추하는 것으로 대신했다. 글 쓰는 동안 그 남루함과 누추함에 불편하기도 했고 조금 울기도 했던 것 같다.

끝으로 제자의 뜬금없는 이민 계획을 듣고 글쓰기를 권하며 『호주에서 터 잡기』란 책 제목을 주신 은사님과 기쁜 마음으로 찬조글을 수락한 남궁 선 시인에게 감사의 마음을 전한다. 그리고 부족한 글을 정성을 다해 출간해 주시는 소소리 출판사에 거듭 감사의 말씀을 드린다.

2017년 3월

호주 브리즈번에서 저자 **유인희**

▷ 차 례

1. 소중한 만남

2. 호주에서 터 잡기

3. 나의 살던 고향은

1.

소중한 만남

너 괜찮니?

하루의 일과를 마치고 홀가분한 마음으로 집을 향해 달리는데 매일 다니는 길이 평소와는 달리 좀 어둡다고 느꼈다. 순간 바짝 긴장되어 안경을 올리고 미간을 찡그리며 운전에 집중하는데 갑자기 '콱' 소리가 났다. 분명히 내 차에서 나는 소리이긴 했지만 다른 차와 부딪힌 것은 아니니까 큰 사고는 아닌데 '뭐지?' 싶어 정신을 가다듬고 비상 깜빡이를 켰다. 그리고 차량을 살펴보니 보도블록을 들이박아 왼쪽 앞바퀴가 터진 것이다. 이 정도의 문제는 바퀴만 교체하면 해결되는 간단한 문제지만 자동차를 겨우 운전만 할 줄 아는 나로서는 난감하기 그지없었다. 남편과 아이들은 각자 일이 아직 끝나지 않아서 당장 올 수 있는 처지가 못 되고 밤은 깊어 가는데 한숨만 쉬며 차 주변을 서성거렸다.

나는 예전부터 운전하는 것을 어려워했다. 운전면허는 두 번 시험 끝에 운 좋게 합격했으나 운전대를 잡는 것은 너무나 두려워 가급적 피했다. 그러나 아이들 픽업이며 소소하게 볼일도 많고 직업상 운전할 일이 많아 두려움을 무릅쓰고 운전을 했었다. 그런 나를 보고 식구들은 안타까워하면서 운전도 기능이니까 자꾸 하면 늘고 은연 중 희열을 느끼게 될 거라고 격려했었다. 그런데 크게 심호흡을 하고 아무리 마음을 다잡아도 운전대에 앉기만 하면 긴장되어 콩닥콩닥 뛰는 내 심장을 어쩔 도리가 없었다.

그렇게 10여 년 넘게 한국에서 운전하다가 호주로 왔다. 호주에 오면 우선 남편과 장성한 두 아들이 있으니 나는 운전을 하지 않아도 될 줄 알았다. 처음에는 그랬었다. 그러나 얼마간 시간이 지난 후, 이곳 삶에 적응되면서 모두 바빠졌고 마침내 나도 경제활동을 위해서 반드시 운전을 해야만 했다. 그런데 호주의 운전 여건은 언제나 초보 운전자 같은 내가 극복하기에는 너무나 열악한 상황이었다. 우선 운전대가 그나마 익숙했던 한국과는 반대로 오른쪽에 있어 혼란스러웠고 게다가 라운드 어바웃(Round-About)이라는 교통방법은 한숨만 나오게 했다.

라운드 어바웃이란 비교적 교통량이 한가한 곳에 둥글게 설치되어 있는데 교차하는 차량이 없을 경우 우측을 살피면서 자신이 가고 싶은 방향으로 눈치껏 진행할 수 있는 도로형태이다. 이 제도의 장점은 진입하는 차가 없을 때에는 기다릴 필요 없이 바로 진행할 수 있기 때문에 정체되지 않고 시간을 절약할 수 있다는 것이다. 그런데 신호등이 없기 때문에 운전자 스스로의 판단이 절대적이어서 나처럼 운전에 두려움이 많은 사람은 공포의 장소일 뿐이었다. 그래도 어쩌랴! 두렵겠지만 운전은 이곳 삶에서 반드시 넘어야 할 또 하나의 큰 산인 것을.

나는 남편으로부터 "지나치게 왼쪽으로 차가 붙는다."는 걱정을 수없이 들으면서 며칠 동안 운전 연수를 받았고, 마침내 이를 앙다물고 스스로 운전하여 목적지를 오갔다. 처음 시작부터 열흘 정도는 2시간 정도의 일하는 시간보다 20여 분이 채 못 되는 목적지까지의 운전이 더 힘들게 느껴졌다. 나뿐만 아니라 지켜보는 가족들의 마음도 불편하기는 마찬가지였는데 내가 집에 무사히 도착했다는 연락을 받으면 그제야 안심하는 눈치였다.

다행히 이곳 운전자들은 여성이나 노인들의 운전에 비교적 관대한 편이다. 설령 진행 속도가 좀 늦더라도 바짝 뒤에 붙어 공포감을 조성하지는 않아 그런대로 조심스럽게 목적지까지 갈 수 있었다. 다만 처음 남편의 지적처럼 왼쪽으로 차량이 치우치는 것은 쉽게 고쳐지지 않은 채 그럭저럭 서너 달이 지났는데 기어코 이 같은 사고(事故)가 생긴 것이다.

대책 없이 시간만 보내면 안 될 것 같아 나는 용감하게 "Help me!"를 외치면서 누군가의 도움을 요청했다. 그때였다. 약속이나 한 듯 연거푸 승용차 2대가 내 차 뒤에 멈추었다. 한 차에서는 젊은 청년 세 명이 그리고 다른 차에서는 한 중년 남성이 내리더니 서성거리는 나에게 다가왔다. 그들의 첫 마디는 "너 괜찮니?"였는데 나는 고개를 끄덕이다가 하마터면 눈물을 쏟을 뻔했다. 터진 자동차 바퀴를 보고 사태를 파악한 중년 남성은 별일 아니다 싶었는지 젊은 청년들에게 내 바퀴 건을 위임하고 그 자리를 떴다.

사실, 밤 10시쯤 중년 남성이 혼자 남는 것보다는 청년 세 명이 남는 것이 도움을 받는 입장에서는 훨씬 편하게 생각되어 안도의 숨을 내쉬었다. 나는 은연중 그렇게 절박한 상황에서도 나를 도와주려고 일부러 차를 세운 사람조차 의심하고 경계하는 사람이었던 것이다. 남겨진 청년들은 내 차를 안전한 곳으로 이동시키고 능숙한 솜씨로 타이어를 교체해 주었다.

나는 그들의 친절에 "Thank you"를 연발하면서 조심스럽게 출발했는데 그들은 엄지손가락을 치켜세우며 목적지까지의 안전 운전을 기원해 주었다. 나를 향해 치켜세운 엄지손가락은 언제 어디서든 내가 누군가의 보호를 받고 있다는 든든하고 편안한 느낌을 주었다. 그런 느낌 덕분에 크게 당황하지 않고 안전하게 집에 돌아올 수 있었다.

이후, 운전에 대한 나의 두려움은 크게 줄어서 상대방의 배려와 수신호에 겨우 진행했던 라운드 어바웃도 용감하게 진입할 수 있을 정도가 되었다. 운전에 능숙한 남편과 동승할 때는 예외사항이 거의 없어 이곳 사람들의 운전 매너에 대해 특별히 생각해본 적이 없었는데 내가 직접 운전대를 잡고 보니 상대방의 깊은 배려를 온몸으로 느낄 수 있었다.

이곳의 운전자들은 과속하거나 상대방을 재촉하는 일이 거의 없다. 많은 도로가 자전거 운전자와 공유하기 때문에 서로의 안전을 위해 스스로 규정된 속도를 유지하며 특히 노약자와 여성 운전자에 대한 배려가 자연스럽다. 만약 이곳에서 스피드를 즐기거나 난폭 운전을 하게 되면 단속 카메라는 물론 곳곳에 배치되어 있는 경찰의 단속을 피할 수 없다. 그리고 적발되면 생각보다 훨씬 비싼 범칙금과 불이익을 감수해야 한다.

최근 유엔 지속가능 발전 해법 네트워크(SDNS:Sustainable Development Solutions Net-work)라는 단체에서 발표한 '세계 행복 보고서'에 의하면 행복지수가 가장 높은 나라는 덴마크이며 내가 사는 이곳 호주는 9위를 기록했다. SDNS는 2012년부터 세계 157개 나라를 상대로 국내 총생산(GDP), 건강수명, 정부와 기업 투명성 등을 종합적으로 따져 행복도를 산출하고 있는데 '힘들 때 의지할 사람이 있는지' 등의 정서적인 항목도 평가에 반영되었다고 한다.

나는 호주의 경제 규모나 정치에 대해 아는 바가 없다. 그러나 내가 체감한 '힘들 때 의지할 사람이 있는지'의 항목에 대해서는 적어도 아직까지는 긍정적으로 대답할 수 있다. 다양한 인종이 특별한 차별을 느끼지 않으며 더불어 경제활동을 하고 자신의 가족인 양 상대방을 배려하는 따뜻한 인간애, 교통사고 현장에서 조차도 상대방에게 먼저 "너 괜찮니?" 하며 안부를 물어주는 아름다운 사회, 이런 사회야말로 우리가 추구하는 진정한 선진국이며 행복한 나라의 모델이 아닐까라고 생각한다.

단풍나무와 할머니

"쓱, 쓱, 쓱."

청명한 가을날, 누군가 비질하는 소리가 들려 귀를 쫑긋하며 밖을 내다본다. 의식은 소리에 즉각 반응하여 비질 자국이 무늬처럼 남겨졌던 고향의 앞마당을 연상케 했다.

'누굴까?' 창문 틈으로 바라보니 옆집 필리(Pilly) 할머니가 집보다 더 넓은 정원을 갈퀴와 비질로 다듬고 있다. 그녀의 정원은 브리즈번의 여느 집처럼 마카다미아(Macadamia), 망고(Mango), 패션 푸르츠(Passion Fruit)와 같은 유실수와 동백, 무궁화와 같이 꽃을 즐길 수 있는 각종 나무들이 많다. 모두 상록수인데 정원 귀퉁이에 유일하게 단풍나무가 한 그루 있어 지루한 대지에 아름다움을 선사하고 있다.

한국에서 살 때는 봄가을로 꽃과 단풍 구경을 즐겼던 나는 꽃 계절은 그런 대로 버틸만한데 단풍철만 되면 향수병이 도져 밥

맛도 없고 의욕도 잃었다. 그런데 어느 날, 번쩍 눈에 띈 할머니 댁의 단풍나무는 뜻밖에 큰 위안이 되어 아침저녁은 물론 달밤까지 고즈넉한 가을 분위기를 알뜰히 즐기고 있는 참이었다.

일교차도 크고 햇빛도 따사로워 단풍나무는 온전하고 깨끗하며 아름답게 물들었다. 그러더니 가을이 깊어갈수록 하나 둘씩 나뭇잎이 떨어지기 시작했다. 평소 정원 관리하기를 운동 삼아 꾸준히 해 오신 할머니로서는 좋은 일거리를 만난 셈이다. 떨어진 나뭇잎이 많지 않음에도 불구하고 온갖 청소도구를 동원하여 천천히 쓸기에 몰두하고 계신다. 한낮 가을볕 속에 갈퀴질하는 할머니의 모습은 포근하고 아름답다.

할머니와 처음 인사를 나눈 것은 우리가 이 동네로 이사하고 일주일 뒤였다. 식물에 관심이 많은 나는 이사할 우리 집의 화단에 유난히 야생 수선화가 많아서 이사 오기 전에 모두 제거했다. 갑자기 넓어진 화단에 알맞은 대체 정원수를 찾기 위해 이웃들의 식물들을 눈여겨보던 중 특히 정원이 넓은 필리 할머니 댁의 나무들을 유심히 살피게 되었다. 그러다가 느티나무처럼 생긴 아담한 나무에 포도 알 크기의 검은 열매가 밑동부터 중간 부분까지 다닥다닥 붙은 신기한 나무를 발견했다. 열매는 분명 포도처럼 생겼는데 송이를 이룬 것은 아니고 나뭇가지를 따라 빈틈없이 펼쳐져 있었다. 가을볕에 까맣게 잘 익은 그 열매는 제대로 추수하지 않아 나무 밑에 수북이 떨어졌는데 일부는 뭉그러져 속살이 보였다. 드러난 속살 역시 포도 같은데 이름과

맛이 궁금했다. 그러나 아무리 작은 것이라도 남의 것은 함부로 손 댈 수 없기 때문에 궁금증만 더했다.

그리고 이튿날 일을 마치고 돌아와 보니 우리 집 현관 앞에 문제의 그 열매가 한 바구니 놓여 있었다. 남편은 의외의 열매에 대해 놀랐고 나는 출처를 알기 때문에 빙긋이 웃었다. 할머니는 필시 내가 어제 당신의 정원 주변을 서성거리는 것을 본 것이다. 어쨌거나 열매의 맛이 궁금했던 참에 서둘러 왕사탕만 한 열매를 한 알 입에 넣었다. 신맛은 전혀 없고 단맛이 강했는데 딱히 무슨 과일 맛과 비슷하다고 규정하기가 어려웠다. 맛에 대한 궁금증을 해소한 나는 바구니를 비우고 준비한 매실 액을 챙겨 남편과 함께 할머니 댁으로 갔다. 할머니는 우리의 방문을 기다렸다는 듯 밖으로 나오셨다.

우리 고향의 할머니들은 우선 손님을 안으로 들이는데 비해 필리 할머니는 서둘러서 밖으로 나와 우리를 맞이했다. 순간, 우리는 깜짝 놀랐다. 먼발치에서 보았을 때는 키가 크고 허리도 굽지 않아 정정하게 생각했는데 가까이서 본 할머니는 검버섯이 많은 93세의 노인이었던 것이다. 자신을 소개하면서 우리에게 선물한 열매 사연을 말씀하시는데 목소리가 시원하게 나오지 않아 제대로 들리지 않았다. 게다가 머리도 약간 흔드시는 모습에 보고 있는 우리가 불안해서 땀이 날 정도였다. 그런 상황에 빈 몸도 아닌 열매를 한 바구니 들고 우리 집 17계단을 어떻게 오르내리셨는지 상상이 가지 않았다. 할머니와의 첫 만남은 발음

이 정확하지 않아 의미를 이해하는데 애를 먹고 불편하기는 했지만 지혜롭고 현명하신 분이라는 인상을 받았다. 그녀는 우리를 집 앞까지 배웅하면서 "이곳에서의 삶을 즐기라."고 환영과 축하의 덕담을 잊지 않으셨다.

집에 와서 할머니가 밟았을 그 계단을 할머니가 된 것처럼 올라갔다. 핸들이 있어서 오르는 것은 그렇게 어렵지 않았다. 그런데 내리막길에서 느꼈을 할머니의 현기증과 다리의 후들거림을 생각하니 가슴이 찡했다. 젊은 이방인 부부의 보금자리를 축하해주고 싶어 결코 쉽지 않은 방문을 감행하셨던 것이다. 서로의 방문을 마친 후, 남편은 데크(Deck)에서 담배를 피웠다. 평소 같으면 잔소리를 할 상황이지만 눈치 빠른 나는 남편의 사색을 방해하지 않고 얼른 안으로 들어갔다.

남편은 필리 할머니 모습에서 역시 93세이신 시어머님의 모습을 그리고 있는 중이리라. 우리가 이민 올 때만 해도 시어머님은 허리만 약간 불편한 80대 후반이셨다. 서둘러 시어머님을 한번 모셨으면 좋으련만 기왕이면 기반을 잡고 초대하려고 거듭 미루다보니 어느새 연세가 90을 훌쩍 넘으셨다. 6년의 세월이 흐르는 동안 막내아들인 남편 역시 이런저런 일로 한국 방문의 기회를 갖지 못하다가 지금쯤이면 시어머님을 초대해도 괜찮다 싶었는데 아뿔싸! 세월은 사람을 기다리지 않았다.

그 세월 동안 시어머님의 허리는 'ㄱ'자로 나날이 굽어져 지팡이 없이는 5분간 서 있기도 힘들고 기력이 예전 같지 않으니 사무치게 막내아들이 그리워도 꿈길에서나 만날 뿐이었다. 무엇보다 시어머님을 모시는 큰 형이 장기 여행은 어머님께 위험하다며 누누이 설명했음에도 불구하고 남편은 꼭 한 번 모실 거라는 실낱같은 희망을 품고 있었는데 꿈이 와르르 무너진 것이다. 키가 크고 허리가 곧아 정정해 보이는 필리 할머니도 17계단은 어려운데 새처럼 가벼운 시어머님으로서는 도저히 불가능하다는 안타까움이 남편으로 하여금 줄담배를 태우게 만들었다.

이후 우리는 눈만 뜨면 서로 약속이나 한 듯 할머니 댁을 바라보았다. 남편은 할머니를 통해 시어머님의 근황을 가늠하고 있고 나는 은연 중 우리의 노년기를 긍정적인 측면으로 상상하고 있었다. 혼자 계셔서 외로울 거라고 생각했는데 그것은 기우였다. 일주일에 한 두 번은 방문객인 누군가와 함께 쇼핑을 즐기시고 특히 내 또래 정도 되는 따님은 하루가 멀다 하고 할머니 댁에 왔다. 오후 서너 시쯤 되면 영락없이 찾아와 저녁 늦게까지 머물다 갔는데 그런 날 할머니 댁의 불빛은 한층 따뜻해 보였고 도란도란 말소리는 정겹기 그지없었다. 우리가 할머니를 부모님처럼 애틋하게 여기듯 할머니도 우리 부부의 생활을 관심있게 살펴보면서 경험으로 터득한 지혜로운 조언들을 아끼지 않았다.

최근 바람이 잦아 어느새 단풍나무는 반 벌거숭이가 되었다. 할머니는 낙엽을 쓸면서 무슨 생각을 하실까? 긍정적인 할머니는 우선 그 연세에도 건강하게 일상을 영위할 수 있는 것에 감사할 것이다. 그리고 아름다운 단풍나무처럼 당신 모습 역시 아름답게 추억되기를 바랄 것이다. 이 두 가지 생각, 건강해서 감사하고 사랑하는 가족들에게 상처 주는 일 없어 행복하다고 시어머님도 역시 늘 말씀하셨다. 오늘, 오랜만에 시어머님께 전화를 드려야겠다. 그리고 무슨 일이 있어도 올해가 가기 전에 막내아드님을 꼭 뵙게 해드리겠노라고 말씀드려야겠다.

무소의 뿔처럼 혼자서 가라

마리안(Marian)은 옆집에 사는 싱글 맘이다. 나이는 어림잡아 30대 후반이며 호주토종으로 우리가 거주하는 브리즈번에서 태어났고 대학에서 건축학을 강의하고 있다.

처음 우리가 브리즈번의 조그마한 유닛(Unit)에 터를 잡았을 때 그녀는 건축 일을 하고 있었다. 빼빼 마른 체격으로 자전거를 타고 출퇴근을 했으며 주말이면 어김없이 투박한 안전화를 신고 집수리를 했는데 그 모습이 흡사 어렸을 적 보았던 영화 주인공 '말괄량이 삐삐'를 연상시켰다. 사실 난 한국여성 기준으로 볼 때 좀 뚱뚱한 편이며 전형적인 아줌마다. 아줌마라는 단어는 '중성적'인 이미지와 적극을 뛰어넘는 극성스러움 혹은 만능이란 의미를 내포하고 있는데 나는 만능은커녕 절대 기계치이다. 안전화 신고 망치 들고 다니는 것은 당연히 남성의 영역이라 생각하면서 이제까지 시도해 보려고 노력한 적도 없다. 그런데 이 호리호리한 젊은 아가씨는 일요일마다 뭔가 눈에 띄게 생산적인 일들을 거침없이 해냈는데 바닥의 타일을 깨고 나무로 교체하거나 페인트를 칠하는 등 그녀에게 집은 일차적 실습장이었다.

이곳의 유닛은 한국의 다세대 주택과 비슷해서 각각의 독립 공간 이외에 주 출입구와 정원, 쓰레기장은 모든 세대가 공동으로 사용했다. 따라서 같은 유닛에 거주해도 평소에는 별로 만날 수가 없고 출퇴근을 하다가 혹은 휴일에 빨래를 널다가 가끔 볼 수 있는 정도였다. 유닛 사람들을 출입구에서 만나면 서로 갈 길이 바빠 가볍게 인사하는 정도도 괜찮은데 빨래를 널 때 만나면 그 짧은 침묵이 길게 느껴지며 어색함이 감돌았다. 그러면 그녀는 일부러 나에게 말을 걸며 마치 오래 사귄 친구처럼 다정하게 대했다. 그럴 때마다 나를 존중해 주는 그녀가 고마웠고 상냥하고 부지런한 그녀가 '나의 영어 선생님이 되면 좋겠다.'라는 생각을 했었다. 그렇게 적당히 거리를 유지하며 지내기를 서너 달, 어느 날부터인가 그녀가 보이지 않았다. 워낙 부지런한 아가씨가 사라지니 집안이 산 속 같았다. 8가구가 살고는 있지만 우리 집만 가족이 살고 나머지는 노인이나 독신, 어쩌다 손님 오는 것이 전부이니 집 안팎이 늘 조용했다.

궁금했던 몇 달이 지난 어느 여름 날, 그녀는 결혼도 하지 않은 채 아이 엄마가 되어 돌아왔다. 그녀의 파트너는 마운트 아이사(Mount Isa)라는 브리즈번의 북쪽 광산에서 일하는 기술자로 팔다리의 문신이 요란하며 덩치가 컸다. 첫눈에 아무리 점수를 후하게 주어도 똑똑한 그녀의 배필로는 전혀 어울리지 않는 남성이었다. 사람은 끼리끼리 어울린다는데 왜 그녀는 하필 저런 불량스러워 보이는 남성에게 매력을 느꼈을까? 하는 의문과 함께 같은 여성으로서 동정과 걱정이 앞섰다. 게다가 시간이 지나면서 알게 된 또 다른 사실은 그녀는 그와의 만남을 반대하는 친정 가족과 의절한 상태이며 그 남성은 마리안이 낳은 아이 이외에 이미 세 명의 자식을 둔 아빠라는 것이었다.

한국 같았으면 동네 창피해서 입단속 시키며 문 밖 출입도 못할 어마어마한 사건인데 그녀는 허심탄회하게 자신의 처지를 나에게 이야기했다. 아마 그 당시 그녀는 누군가와 간절한 소통을 원했던 것 같다. 오죽하면 제대로 알아듣지도 못하는 아시안 아줌마를 붙잡고 자신의 상황을 설명하려고 했을까? 다행히 나는 눈치가 빨라 그녀의 상황을 웬만큼 이해했으며 엄지손가락을 치켜 올리며 격려의 메시지를 보냈다. 실제로 나는 그의 파트너는 결코 인정할 수 없었지만 똑똑하고 야무진 그녀의 결정을 존중했으며 예쁜 아기에 대한 기대와 설레임으로 내 가족인 양 한껏 들떠 있었다.

그즈음 나는 영어 공부에 도움이 될까 싶어 'The Courier Mail'이라는 일간신문을 열심히 읽었다. 그 신문에는 'The word on the street'라는 코너가 있는데 대중(大衆)을 상대로 어떤 주제에 대하여 묻고 대답하는 형식으로 엮어져 있다. 이 코너를 읽다보면 현재 이 사회의 당면과제와 의식구조를 조금은 알 수 있어 지금까지 흥미롭게 읽고 있다. 좀 무거운 정치 이야기부터 라이프 스타일에 관련된 주제까지 다양한데 답변자들의 대답은 한결같이 명쾌하고 솔직하다.

한번은 '혼전 동거'에 관한 질문이 있었다. "어떻게 파트너와 생활해 보지도 않고 중요한 결혼을 결정하느냐?"라며 답변자들의 대부분이 이성 간의 혼전 동거를 당연시 여겼다. 함께 생활하다가 아이가 생기면 자연스럽게 출산하고 아이를 키우는 도중에라도 서로에게 문제가 있다면 합의 하에 헤어지는 이 세태를 일부종사(一夫從事)나 삼종지도(三從之道)를 미덕으로 삼는 나라에서 반평생을 살다온 내가 어떻게 제대로 이해할 수 있겠는가? 그러나 '로마에 가면 로마법을 따르라'는 이야기가 있듯 신문에서도 이미 검증된 젊은이들의 결혼관에 대해 나는 지금까지의 잣대를 과감하게 버리고 불편하지만 마리안 가족을 인정하기로 마음먹었다.

그러던 어느 날 밤, 한바탕 괴성이 오가고 경찰이 오고 처음부터 어울리지 않았던 둘 사이는 파탄이 났다. 난 자세한 내막도 모르면서 그녀가 아이 아빠와 헤어진 것은 정말 잘한 일이라며 쾌재를 불렀다. 뒤에 안 사실인데 그 남성은 우울증 치료를 목적으로 허용치의 마약을 복용했는데 자주 괴성을 지르며 비이성적인 행동을 했다고 한다. 똑똑한 마리안은 처음에는 그의 현실을 인정하고 이해했지만 개선의 의지가 없어 보이고 아이 아빠로서도 부족하다는 판단이 들자 가족의 미래를 위해 단호하게 대처했던 것이다.

그는 경찰에서 조사를 받은 뒤 치료를 목적으로 병원에 입원했다. 가끔 경찰이 그녀의 집에 와서 뭔가를 의논했으며 나는 숨죽이며 불안하게 사건을 지켜보았다. 그러나 제 삼자들의 불안한 시선과는 달리 마리안 본인은 눈물 한 방울 남 앞에 보이지 않고 꿋꿋이 그 상황을 헤쳐 나갔다. 마침내 그 요란스럽던 파트너도 경찰도 더 이상 오지 않게 되었고 그제서야 나도 그녀도 평온한 일상을 되찾을 수 있었다.

그 사건 이후, 육아에 전념하던 마리안은 건축 일을 그만두고 그 경력을 바탕으로 대학에 출강함으로써 또 한 번 나를 놀라게 했다.

"대학에서 강의를 하려면 여러 가지 자격 여건이 필요하지 않느냐?"는 내 질문에 "그동안 학교에서 배운 것과 현장 경험을 후배들에게 가르침으로써 현장에서 겪게 될 시행착오를 조금이나마 도와주는 차원"이라면서 자신의 변신이 특별한 것이 아님을 재차 강조했다. 그녀의 실력이 어느 정도인지 나는 자세히 알지 못한다. 다만 대학생들을 상대로 강의를 할 정도면 최소한 석사 이상의 학위를 소지해야 하며 현재 한국에서는 박사학위가 있어도 제대로 된 강의 자리를 구하기가 어렵다는 이야기를 많이 들었다. 또한 그만큼 어렵게 공부하고 구한 자리이다 보니 강사인 본인이나 주변은 큰 벼슬이나 한 것처럼 가문의 영광 운운하는 판인데 어떻게 마리안의 변신이 특별하지 않겠는가?

그러나 이곳은 교육이 본질적으로 실용성에 초점이 맞춰져있어 학생들은 자신의 의지 없이 맹목적으로 대학에 가지 않는다고 한다. 그리고 본인이 하고 있는 일에 꼭 필요하다고 느끼면 늦깎이로 공부해서 자신의 지적 욕구를 충족한다고 들었다. 그들을 지도하는 선생님들 역시 우월감보다는 전공 선배의 입장에서 지식을 공유하며 사회발전을 도모하는데 그 관계가 우리나라 사제지간보다는 좀 더 수평적이라는 이야기를 들었다. 두 나라 교육 현장의 모습이 이렇게 다르니 일상생활에서도 생각과 행동에 많은 차이가 있음은 당연한 것이다.

이제 싱글 맘 마리안은 안전화 대신 굽 낮은 구두를 신고 아기 용품을 담은 큰 배낭과 함께 학교로 어린이 집으로 동분서주하고 있다. 건축에 관련된 일을 할 때와 대학 강사로 일하는 지금 그녀의 외모에서 다른 점이 있다면 다만 신발만 바뀌었을 뿐 아이의 재롱으로 훨씬 활기찬 모습이다. 우울하고 씁쓸한 뒷 감정들은 단지 그 사건을 알고 있는 동양 아줌마의 상상일 뿐 그녀는 여전히 현재를 충실하게 살고 있는 생활인이다. 그리고 나는 용감하고 지혜로운 그녀에게서 현실을 좀 더 실질적인 측면으로 바라보는 시각과 열정을 배우면서 살고 있다.

아나카의 생각하는 의자

옆집 꼬마 아가씨 아나카(Anaka)가 엄마의 손을 잡고 우리 집에 왔다. 금발을 예쁘게 땋고 만화 주인공 캐릭터가 그려져 있는 까만 장화를 신고 있다. 내 상식으로는 장화와 부츠는 엄연히 용도가 달라서 꼭 구분하는데 이들은 모두 부츠라고 부른다. 장화든 부츠든 아나카는 매일 이 검정 장화를 즐겨 신는 세 살 된 꼬마 아가씨로 싱글 맘 마리안(Marian)의 하나 밖에 없는 금쪽같은 딸이다.

유치원부터 잠깐 세탁실에 나갈 때도 이 꼬마는 입고 있는 의상과 아무 상관없이 검정 장화로 마무리할 만큼 자기주장이 강하면서 인내심 또한 강한 아이다. 고만한 나이 때는 호기심이 많은 때라 옆집인 우리 문 앞에서 가끔 서성거리기도 하는데 마리안은 우리 부부의 일상이 분주한 것을 알고 가급적 출입을 금지시킨다. 그러나 그녀가 아플 때는 예외다. 아플 때 울면 열이 더 나서 컨디션 관리가 어려우니까 어쩔 수 없이 통제보다는 딸

아이의 요구사항을 들어주는 편이다.

우리 집에 온 아나카는 아픈 아이답지 않게 예쁘게 단장은 했는데 기운이 없어 소파 모서리에 앉아 집안 분위기를 두루 살핀다. '그동안 뭐 달라진 것은 없나?' 생각 같아서는 침대 위를 마음껏 뛰면서 즐겁게 놀고 싶은데 별로 의욕이 없는 눈치다. 그런 꼬마가 안쓰러워서 우리 부부는 뭔가 흥밋거리가 될 만한 것들을 이것저것 보여주지만 번번이 퇴짜를 맞는다. 그러던 중, 얼마 전 쇼핑센터에서 사다 놓은 각종 캐릭터 스티커를 발견하고 관심을 보인다. 그 앙증맞은 손으로 조심스럽게 몇 개를 떼어서 우선 자기 엄마에게 그리고 우리 부부에게 각각 붙여주고 자신의 하얀 팔에도 몇 개 붙여본다.

10분 정도 지나자 그녀의 엄마가 약 먹을 시간이 되었으니 집에 가자고 권한다. 꼬마는 서너 번 힘없이 고개를 가로 저었지만 이내 자리에서 일어나 작별 인사를 한다. 아픈 것도 안타깝고 모처럼 온 꼬마 손님에게 대접할 것이 마땅치 않았던 참에 남은 스티커를 싸주었지만 사양하면서 그대로 놓고 간다. 보통 아이들 같으면 더 놀겠다거나 맘에 드는 물건을 집에 가지고 가겠다는 등의 떼를 써서 어른들을 곤혹스럽게 만드는데 이 꼬마는 거꾸로 너무나 어른스러운 행동을 해서 나를 당황하게 만든다. 뿐만 아니라 크리스마스 날의 '인내심 기르기' 훈련은 아이를 둘씩 키운 내가 고개를 절레절레 흔들 정도다. 사건의 개요를 간단히 정리하면 이렇다.

크리스마스이브가 되어 나는 작은 선물을 준비하고 아나카네 집으로 갔다. 우리 가족만 단출하게 살아서 선물 준비할 일이 많지 않았었는데 근래 들어 이 아이의 선물 챙기는 재미가 쏠쏠했다. 부담스럽지 않을 정도의 선물을 주고받는 것은 상대방과의 관계를 좀 더 친밀하게 만들며 훗날 함께 공유할 추억의 끈이 되기 때문에 나는 기쁜 마음으로 정성을 다했다.

예상했던 대로 그 아이의 집은 성탄절 분위기가 가득했는데 큰 트리 밑에는 크고 작은 선물꾸러미가 가지런히 놓여 있었다. 보통 나는 선물을 받게 되면 상대방이 보는 앞에서 즉시 열어보고 감사의 마음을 전하는 것이 예의라고 생각했다. 그런데 개봉하지 않은 선물꾸러미가 의아해서 마리안에게 물었다. 그녀는 "지금 아나카는 인내심 기르기 훈련 중."이라고 설명했다. 그러면서 딸에게 묻기를 "인희(Inhee)가 원하니까 인희의 선물만 지금 열어볼까?" 했다. 그러자 꼬마는 "오늘은 크리스마스가 아니라 내일 열겠어."라고 대답하면서 내가 준비한 선물을 트리 밑에 갖다 놓았다. 그러면서 못내 아쉬운 듯 가지런히 놓여 있는 선물을 가끔 손으로 만져보고 흔들어 보기는 했지만 결국 개봉은 하지 않았다. 밀려오는 궁금증과 그에 맞선 인내와의 한판 대결을 통해 '인내심 기르기' 훈련을 하는 중이었다.

나는 아나카가 이 과정을 성공적으로 수행하기를 진심으로 응원하면서 이를 계기로 단편적이나마 이 나라 엄마들의 교육 철학을 엿볼 수 있었다. 아나카가 아이답지 않게 절제하고 인내할 수 있는 배경에는 지혜롭고 일관성 있는 엄마의 가르침과 '생각하는 의자(Thinking Chair)' 덕분이다.

'생각하는 의자'는 아나카의 방에 있는 작고 예쁜 안락의자다. 그 의자는 창문 옆에 얌전히 놓여 있는데 거기에 앉게 되면 창을 통하여 밖의 경치가 한눈에 들어온다. 의자를 기준으로 양옆에는 샤갈 풍의 몽환적 그림 두 점이 가리개처럼 펼쳐져 있다. 아이가 지나치게 흥분해서 화를 내거나 고집을 부릴 때 마리안은 딸에게 그 의자에 앉을 것을 지시한다. 의자에 앉은 지 몇 분 지나면 이 어린 꼬마는 어느새 흥분과 분노가 사라지고 한결 밝은 얼굴로 자기의 방에서 나온다고 한다.

이 훈련을 처음 시작할 때 아이는 강하게 거부했다고 한다. 내 상식으로도 아이가 흥분하고 떼를 부리면 의자에 앉히기보다는 엄마가 한번 안아주는 것이 효과적이며 나는 우리 아이들을 그렇게 키웠다. 그래서 의자를 권한 마리안의 행동이 좀 가혹하다는 생각을 했다. 그러나 시간이 지나면서 아이는 그 훈련에 완전히 적응되어 때로는 그 의자에서 어른처럼 편안히 낮잠을 즐기기도 한다고 아이 엄마는 웃으면서 말했다. 어느새 아이는 누구의 도움 없이도 스스로 감정을 어느 정도 조절할 줄 아는 애어른이 된 것이다.

존경스러운 눈으로 "'생각하는 의자'는 누구의 아이디어냐?"고 물었더니 자신의 돌아가신 엄마로부터 전수받은 방법이라고 말했다. 많은 형제들 속에서 자란 마리안은 어려서부터 이 방법을 이용하여 마음의 안정을 찾곤 했는데 지금도 머리가 복잡하고 일의 실마리를 찾을 수 없을 때 그 의자에 앉아 해결책을 얻는다고 했다. 순간 그런 의자를 가지고 있는 모녀가 한없이 부러웠다.

우리는 살면서 얼마나 많은 감정들과 부대끼는가? 그런데 지혜로운 사람들은 그런 감정들을 보듬어 슬기롭게 극복하는 반면 보통 사람들은 감정의 본질을 알지 못한 채 분노하고 좌절하며 극한 상황까지 몰고 가는 경우를 종종 볼 수 있다.

하느님이 너무 바쁘셔서 가정마다 자신의 대리인으로 엄마를 보냈다고 한다. 그런데 대리인인 엄마들은 자녀들을 자신의 소유물로 생각하고 사랑이라는 이름으로 지나치게 간섭하는 경우가 많다. 자녀들이 어렸을 적에는 간섭이나 통제들이 일시적으로 문제 해결책이 될 수 있으나 이렇게 자란 아이들은 성인이 되어서도 자립심이 부족하고 의존적 인물이 되기 쉽다.

마리안이 자신의 주관대로 일관성 있게 딸을 보호하고 양육하고 가르치는데 비해 나의 교육 방법은 맹목적 사랑과 '따라하기'에 열중했던 것 같다. 그렇게 키운 아이들이 내 앞에서 분명히 자신의 의사를 표현하면 '다 컸구나.'라는 대견함보다는 서운함과 소외감이 먼저 앞서는 나는 언제까지나 아마추어 엄마다.

아이들은 아프면서 성숙해진다. 경험에 미루어 보면 그것은 진리다. 저 열감기가 끝나면 아나카는 또 어떤 모습으로 나를 놀라게 할까? 오늘도 나는 자신이 놀았던 자리를 가지런히 정리하고 의젓하게 제 집으로 돌아가는 아이를 보면서 이런저런 생각에 잠긴다.

생각 바꾸기

남편은 해외 출장이 잦은 회사에 근무했었다. 출장 덕에 해외 여러 나라를 경험한 그는 비교적 균형 잡힌 국제 감각을 키울 수 있었다. 출장을 다녀오면 그는 아이들에게 외국어의 필요성을 강조하면서 당시 베스트셀러였던 『세계는 넓고 할 일은 많다』라는 책을 필독서로 권했다. 외국 생활을 고려했던 남편과는 달리 편협했던 나는 연로하신 부모님을 빌미로 절대 한국을 떠나지 않겠다고 못 박았는데 은연 중 외국에 대한 두려움이 있었기 때문이었다. 그러나 남편은 꾸준히 자신의 생각을 실행에 옮겨 친정 남동생이 제일 먼저 호주에 정착했고 뒤이어 아이들이 유학하고 퇴직과 함께 우리도 합류하게 되었다. 그리고 이곳에서 외국인으로 살아가면서 뜻밖의 일들을 경험하게 되고 문화 간의 차이가 어떻게 행동에 반영되는지에 대해 깨닫기도 했다. 매일 매일이 고정관념 깨기의 날들이라 해도 과언이 아닐 정도인데 그중에 대표적인 것이 베트남에 대한 나의 인식이다.

한국에 있을 때, 나는 2년여 동안 외국인 여성들에게 한국어를 가르친 적이 있다. 그때 나에게 한국어를 배운 여성들 대부분이 베트남 출신의 어린 신부들이었다. 그들의 한국 생활은 대부분 열악했고 시댁 식구들은 그들이 게으르고 버릇없다고 자주 불만을 토로하곤 했다. 며느리 잘못 얻었다고 푸념하는 시댁 식구나 듣고 있는 나는 베트남이란 나라에 대해 정확히 아는 바도 없이 일반적으로 떠도는 이야기에 잣대를 맞추어 맞장구를 쳤던 것 같다. 덥기 때문에 국민성이 게으르고 개인이 게으르니 나라 전체가 가난하다. 자식의 배우자에 대해 제대로 아는 바도 없이 덜렁 혼사를 결정한 부모들의 무책임함이 때론 경멸스럽기까지 했다. 게다가 나의 경우, 친척 한 분이 월남전에 참전 했었는데 그분의 경험담까지 보태어 베트남 사람들은 대부분 호전적이며 미개하다고 싸잡아 결론을 내렸었다.

당시 그들을 통해서 본 베트남은 열강에 굴하지 않고 마침내 통일을 쟁취한 역사의식이 강한 나라, 거리마다 오토바이가 질주하는 역동적인 나라가 아닌 경제적으로 후진국을 면치 못하는 구제불능의 가난한 나라로 인식했던 것이다. 그런데 베트남에 대한 고정관념은 대한민국을 떠나 호주에서 그들처럼 외국인으로 살면서 바뀌기 시작했다.

우선 베트남은 초강대국인 미국을 물리친 어엿한 통일국가다. 그에 비하여 나의 사랑스런 조국 대한민국은 외국인이 보기에 위험천만한 분단국가다. 남과 북이 대치하고 있으며 도전적인 북한이 언제 한반도의 평화를 깰지 예측 못하는 상황이다. 더군다나 국방은 미국에 의지하는 부분이 많으며 주변 강대국 틈에서 끊임없이 눈치를 봐야 하는 자주적인 면이 부족한 나라라고 생각하는 것 같다.

둘째, 우리나라보다 인지도가 높다. 현지인을 대상으로 관광하고 싶은 아시아 국가에 대한 설문 결과, 우리의 금수강산은 순위 안에 들어본 적이 없다. 아시아 중 가장 가고 싶은 곳은 일본, 중국, 베트남, 태국 4개 나라가 순위 다툼을 하는 정도다. 내가 생각할 때 우리나라는 비록 국토는 작지만 사계절이 뚜렷하여 아름다운 관광지도 많고 빠르게 성장한 경제의 현주소를 볼 수 있는 곳도 많다. 그런데 번번이 순위에서 밀리고 있다. 물론 관광 산업에 국한된 자료를 토대로 우리나라의 인지도가 베트남에 비해 낮다고 이야기하는 것은 억지일 수 있다. 그러나 중요한 것은 베트남 정부는 자국의 장점들을 전략적으로 홍보하여 세계인으로 하여금 신비의 나라, 매력적인 나라로 인식시키고 있다는 것이다.

셋째, 베트남 음식인 쌈과 쌀국수는 우리의 전통음식인 불고기와 비빔밥보다 더 많이 세계인의 입맛을 사로잡은 것 같다. 현지인들은 베트남 음식을 건강식으로 생각하며 즐긴다. 물론 우리의 전통음식인 불고기와 비빔밥을 좋아하는 외국인도 많다. 하지만 불고기의 경우 이들이 매일 먹는 고기 요리와 크게 다를 바 없고 가격도 좀 비싼 편이다. 비빔밥은 각종 야채가 수를 놓은 듯 펼쳐있어 눈이 먼저 먹고 건강까지 생각하는 음식이라는 이미지는 있지만 맵기 때문에 부담 없이 즐기기에는 한계가 있는 것 같다.

그리고 마지막, 베트남 사람들은 개인보다 집단의 이익을 생각하며 결속력이 강하다. 이곳에 거주하고 있는 베트남 1세대들은 대부분 보트 피플(Boat People)들로 남베트남의 수도인 사이공이 함락했을 때, 공산주의 체제를 반대하여 모국을 탈출한 사람들이다. 브리즈번의 이날라(Inala)라는 지역에는 베트남 시장이 조성되어 있다. 규모는 작지만 그곳에 가면 신선한 아시안 채소와 전통 베트남 음식을 싼 가격에 즐길 수 있다. 타원형으로 상점이 배치되어 있고 가운데에는 쉼터가 있는데 베트남 노인들이 한담(閑談)을 나누거나 장기를 두는 모습을 볼 수 있다. 예전의 우리의 시골 장터를 연상케 하는데 그 정겨움 때문인지 혹은 구색 갖춘 물건 때문인지 현지인들도 많이 찾는 명소가 되었다. 이에 비해 우리 한인들은 공식적인 모임 장소가 없어 아직까지 종교단체의 도움을 받고 있는 실정이다.

최근 베트남인들의 결속력을 보여줄 만한 사건이 있었다. 브리즈번의 유흥가라 할 수 있는 포티튜드 벨리(Fortitute Valley) 지역에 베트남 식 카페를 오픈했는데 카페 이름이 엉클 호(Uncle Ho)였다. 엉클 호는 베트남 통일 전, 북 베트남의 지도자였던 호치민의 애칭으로 그를 지지하던 사람들이 존경과 애정을 담아서 그렇게 불렀다고 한다. 카페 엉클 호가 오픈하자 베트남 인들은 카페의 이름을 바꿀 것을 요구하며 시위를 벌였다. 시위에 참석한 베트남인들의 한결 같은 목소리는

"호치민은 그 누구의 아저씨도 아니다. 그는 대량 학살범이다. 이 세상 그 어느 곳에서 엉클 아돌프라는 이름의 독일 레스토랑을 본 적 있나? 결코 용납될 수 없는 일이다."라며 강력하게 대처했다. 결국 카페 측은 사과 성명과 함께 엉클 비아 호이(Uncle Bia Hoi)로 바꾼다고 발표했다.

조국이 통일된 이 시점에서 과거의 역사의식을 갖고 단합된 행동을 한 것이 잘했다는 이야기가 아니다. 시비를 떠나 타국에서 한 목소리를 낸다는 점에 의미를 두고 싶다. 한 목소리를 낸다는 것, 단합과 결속은 특히 이민 사회에서 긍정적인 에너지로 작용하기 때문이다. 우물 안에서 살 때에는 비교대상이 많지 않아 내 것이 최고라는 오만한 생각을 한다. 그러나 우물 밖의 세계는 공생과 협력, 선의의 경쟁 세계다. 지금이라도 그동안에 가졌던 베트남에 대한 부정적인 고정 관념을 버리고 그들의 긍정적인 측면을 타산지석으로 삼아 우리의 발전을 도모해야 한다고 생각한다.

소중한 만남

얼마 전, 나의 남자 사람 친구인 스캇(Scott)씨 가족들과 저녁 식사를 했다. '남자 사람 친구'는 최근 인터넷을 통해서 알게 된 단어로 '남자 친구'와 차별적인 개념으로 쓰이는데 이성관계가 아닌 순수한 친구로 여자인 나와는 성(性)이 다른 남자라는 의미이다. 처음에는 웃어 넘겼는데 의미를 곰곰이 생각해보니 적절한 표현이다 싶어 이후 그를 지칭할 때 요즘 젊은 사람들처럼 한 번씩 써보곤 한다.

스캇이 초대한 식당은 조용한 거리에 자리하고 있는 중국 음식점이었다. 겉보기에는 허름하지만 음식이 괜찮다는 소문 때문에 상대방의 이야기가 들리지 않을 정도로 시끌벅적 손님이 많았다. 우리 부부를 배려해서 아시안 음식점으로 장소를 정한 것인데, 소음 탓에 제대로 대접을 못했다는 생각에서인지 스캇 내외는 연신 미안하다며 우리의 표정을 살폈다. 그런 그의 마음

씀씀이가 고마워 되레 미안할 지경이었다.

스캇은 호주인으로 나이는 나보다 한 살 적고 아내와 아들만 셋 둔 가장이며 엔지니어 매니저란 직책을 갖고 있는 회사원이다. 우리는 그가 근무하는 회사에서 자주 만나다가 최근에는 가족들도 함께하고 있다. 가족 모임이 성사되기까지 언어와 문화 차이 때문에 적잖이 부담이 되었지만 워낙 자상한 성품으로 우리를 보듬어서 자연스럽게 동화될 수 있었다. 스캇 씨 자제들의 경우, 학교에서 아시안들과 교류가 있었기 때문에 낯가림 없이 자신의 의견들을 잘 이야기했고 가끔 우리가 짧은 영어로 뭔가를 표현하면 진지하게 경청하는 성의를 보였다. 사실, 가장 신경 쓰인 부분은 같은 여자로서 그의 아내였는데 부창부수라고 남편과 비슷한 분위기의 차분한 여성이어서 편안하게 자주 만나고 있다.

이민 초기, 우리 부부가 할 수 있는 일을 찾던 중, 주변의 권유로 청소 일을 하게 되었다. 이민사회의 우스갯소리로 '처음 공항에 마중 나오는 사람의 직업이 본인의 직업이 될 확률이 많다'라는 이야기가 있다. 새로운 환경, 제2의 삶을 시작하는 시점에서 주변인의 경험과 권유가 절대적으로 작용한다는 이야기일 것이다. 아닌 게 아니라 밥벌이를 탐색하던 중 이곳 교포들이 가장 많이 하고 있는 일이 요식업과 청소업이란 사실을 알았다. 특히 청소의 경우 큰 밑천과 경험 없이도 가능하다는 친구들의 조언으로 실패의 두려움 없이 이 일을 시작하게 되었다. 더군다나 이곳에서 큰 청소 회사를 운영하는 교민이 있어서 어려움 없이 제2의 직업을 결정할 수 있었다.

우리는 소속된 청소 회사로부터 일주일 동안 체계적인 트레이닝을 받은 후 청소해야 할 회사 사무실을 배정받았다. 그 회사는 중장비 임대업을 하는 제법 큰 규모의 회사로 미국에 본사를 두고 있었다. 그 회사 직원인 스캇 씨는 출장이 잦고 본사인 미국 사무실과의 통화로 늦게까지 혼자 남아 있곤 했다. 당시 이런저런 이유로 남편은 도우미들을 고용하여 다른 구역을 청소했고 나 또한 다른 친구들의 손을 빌려 그 큰 사무실을 관리해야 했다. 일도 익숙지 않은데다 영어도 능숙치 못하고 큰 사무실의 청소 책임을 오롯이 혼자 부담해야 하니 이래저래 조마조마하며 잔뜩 긴장하는 날들의 연속이었다.

그러던 어느 날, 평소처럼 혼자 남아 있던 그 사람이 나에게 관심을 보여 왔다. 또박또박 쉬운 단어로 먼저 자신을 소개한 후 정중하게 나의 신상을 물었다. 어떻게 대답했는지 정확한 기억은 없지만 중학교 문법 수준으로 어설프고 수줍게 대답한 것 같다. 나의 대답을 들은 스캇 씨는 자신 역시 프랑스 주재원을 희망하고 있기 때문에 프랑스어를 배우고 있다는 이야기를 했다. 그런데 외국어라는 것이 읽고 쓰는 것과는 달리 말하기와 듣기가 매우 어려운데 자신에 비하면 나의 영어실력은 꽤 괜찮은 편이라며 분에 넘치는 칭찬을 했다. 그 말의 진실 여부를 떠나 벙어리 냉가슴 앓는 듯한 이중 언어 사용자의 딱한 입장을 이해하고 배려하는 그의 성품이 너무나 감사해서 하마터면 눈물이 나올 뻔했다. 사실, 그 사무실을 들락거리면서 겉으로는 언어 장벽 때문에 내 존재를 직원들이 끝까지 모른 척하기를 바랐지만 정작 내면에는 정반대의 욕구가 똬리를 틀고 있었던 것 같다.

이후 우리는 서로에게 의미 있는 존재로 자리매김하게 되었고 그 사람은 의도적으로 2주 혹은 3주에 한 번씩 사무실에 남아 나를 기다려주는 호의를 베풀었다. 우리는 간단한 인사와 함께 그즈음 특별한 화제나 서로의 가족사, 양국 문화, 음식 등에 관하여 이야기를 나누었다. 시골에서 자랐고 집안의 장남이며 슬하에 아들들만 있다는 그의 외형적 가정환경이 나와 비슷했다. 때문에 고향에 대한 향수와 장남과 가장으로서의 삶의 무게 그리고 자식들에 대한 기대와 실망 등 화제마다 공감대가 형성되어 제법 마음 속 깊은 대화를 나눌 수 있었다.

가끔, 내가 의미를 몰라 말하기를 주저하면 노트에 그림과 함께 단어를 쓰면서 철저하고 깐깐하게 나의 영어선생 역할을 자처했다. 그럴 때마다 나는 조선후기에 우리나라 학자와 중국학자 간의 필담(筆談)으로 맺은 우정이 생각나서 킥킥거리곤 했는데 이는 어느새 그만큼 둘의 관계에 여유가 생겼다는 증거였다. 시간이 갈수록 화제는 점점 쌓여갔는데 사무실이라는 장소 제약과 일하는 중이라는 시간 제약이 있어 우리는 밖에서 만날 것을 약속했다.

약속 장소에 가던 날, 나는 20대 여성인 양 거울 앞에서 남편에게 옷 타령을 했고, 세차를 명령하며 들떠 있었다. 남편은 잠시 뜨악한 얼굴로 나를 바라보더니 "징징 짜는 것보다 천만 번 낫다."며 별말 없이 이것저것 도와주었다. 단지 청바지에 흰 셔츠를 걸어 올린 것뿐인데 밖에서 만난 스캇 씨의 모습은 회사 내의 모습과 사뭇 달라 가슴이 울렁거렸다. 모르긴 몰라도 그 사람도 나의 변신을 보고 비슷한 생각을 했던 것 같다. 우리는 헤어지면서 누가 먼저랄 것도 없이 다음 만남은 가족과 함께하자고 제안했다.

이후 우리는 남편과 함께 자주 만났다. 그 사람은 일본과 중국 출장을 여러 번 다녀왔기 때문에 아시아의 직장 문화에 대해 잘 알고 있었다. 남편 역시 출장 차 세계 여러 나라를 체험했기 때문에 대화가 잘 통했다. 두 남자가 이야기에 열중할 때 오히려 나는 제 삼자가 되어 묵묵히 풍경만 응시했다.

그래도 나는 행복했다. 그동안 일밖에 몰랐던, 너무나 외로웠던 남편이 신나서 이야기하고 동생이라도 되는 것처럼 이방인의 등을 한 번씩 툭툭 두드리며 하하 웃는 분위기가 얼마나 훈훈한지, 또 그 사람은 자신보다 훨씬 왜소하고 직업도 보잘것없는 남편을 인생 선배 대접하면서 자신의 미래에 대한 구상을 차분하게 이야기하고 있으니 남자들의 수다가 그렇게 아름다운 줄 미처 몰랐다. 이렇게 좋은 친구가 우리 곁에 있고 늘 뭔가 우리의 안전한 정착을 위해 세심하게 도와줄 준비가 되어 있으니 실제로 큰 도움을 받지 않았어도 우리는 늘 넉넉함을 느꼈다. 그리고 마침내 그 배려와 긍정의 힘은 잃어버린 우리의 자신감까지 회복시켜 오늘날에 이르렀으니 그가 보여준 이런 종류의 관심이 진정한 인류애가 아닐까 싶다.

지금 스캇 씨는 호주에 없다. 프랑스 주재원을 지원했지만 미국 쪽 사업이 확장되어 텍사스 주(州)에서 근무 중이다. 같은 영어권이니 언어 혼란은 없겠지만 지극히 가족적인 그에게 혼자 있는 시간이 외로울 수도 있다. 부디 그가 그곳에서 성공적으로 회사 일을 마치고 우리 곁으로 빨리 복귀했으면 좋겠다. 그리고 어느 가을날 오후, 흐르는 브리즈번의 강물을 바라보며 그의 유쾌한 미국 생활 이야기를 듣고 싶다.

수계(受戒)와 법명(法名)을 받다

'법공(法空)'과 '성덕화(聖德華)'는 우리 부부의 법명이다. 계(戒)를 받고 법명(法名)을 받았으니 이제부터라도 불자(佛子)로서 불(佛), 법(法), 승(僧), 삼보(三寶)에 귀의하고 5계 즉, 살아있는 목숨을 죽이지 않고, 남의 것을 훔치지 않고, 삿된 음행을 하지 않고, 거짓말하지 않고, 술을 마셔 취하지 않겠다는 맹세를 지켜야 한다.

처음 법명을 받으라는 주변의 권유가 있었을 때 '과연 내가 그럴 자격이 있나?' 하고 스스로 물었다. 법회 참석은 물론 부처님 말씀에 대해 아는 바도 없으니 당연히 자격이 없었다. 그런데 한편으론 지금부터라도 말씀을 규범으로 삼아 실천하는 것이 중요하다는 생각이 들어 부끄럽지만 수계와 법명 받기를 신청했다.

의식이란 것은 형식에 불과하지만 그 엄숙한 절차가 진행되는 동안 심신이 정화되는 벅찬 감동을 준다. 모든 의식이 끝나자 애주가인 남편은 "부끄러워서 고개를 들 수가 없었다."고 작은 소리로 나에게 고백했다. 그러면서 하는 말이 "술을 아주 먹지 말라는 것이 아니라 술에 취하여 함부로 행동하지 말고 비록 술에 취하더라도 정신만 맑게 깨어 있으면 된다."는 알쏭달쏭한 논리를 펼쳤다.

"그렇게 궤변만 늘어놓지 말고 부처님께 맹세했으니 지키도록 노력하세요."라고 나는 맞받았다. 이제 우리 부부는 어엿한 법명까지 있는 불교신자가 된 것인데 이곳에서 절에 다니게 된 사연은 이렇다.

브리즈번에 처음 정착한 곳은 시티에서 가까워 교통편이나 젊은이들 살기에는 더 없이 좋은 곳이었다. 그러나 한인들이 드물어 우리 부부의 생활은 마치 외딴섬에 유배된 듯 적막하기만 했다. 그러다 보니 정보 부족으로 바쁜 아이들 손을 빌리지 않으면 뭐 하나 제대로 할 수 있는 것이 없어 우리의 일상은 그다지 행복하지 않았다.

그렇게 고독하고 불안한 3개월을 버틴 후, 우리 부부는 이민 조건의 1단계인 510시간 영어 공부를 위해 테잎(TAFE)에 등록했다. 이곳은 2년제 공립 기술학교로 정규 교육뿐만 아니라 어학 과정도 있어 이민자들이 많이 찾는 교육기관이다. 우리는 이곳에 등록함으로써 비로소 한인들과 교류할 수 있게 되었고 활력을 찾기 시작했다.

사람은 사회적 동물이라서 소속감을 느낄 때 비로소 안정을 찾게 된다. 특히 이민 생활은 새로운 터전에서의 삶이기 때문에 신뢰를 바탕으로 한 친구 맺기나 정확한 정보가 요구된다. 따라서 서넛만 모여도 종교나 취미가 같은 사람 혹은 동향, 동문들끼리 자연스럽게 연대하는데 이중 가장 큰 모임이 종교 단체인 것 같다. 일주일 중 6일은 현업에서 자신의 삶을 개척하고 일요일에는 종교 활동을 통하여 친목 도모는 물론 정보를 공유하며 마치 형제자매들처럼 결속하여 동고동락하는 것이다.

테잎에 소속된 나는 영어 공부보다는 정보 얻는 재미로 하교(下校)가 아쉬울 정도였는데 그때 호주살이에 보탬이 될 만한 기본적인 정보는 다 얻었을 정도였다. 특히 나보다 한 단계 높은 반에서 공부했던 어느 분으로부터 브리즈번에는 교회는 물론 한인 성당과 사찰도 있으며 여러 개의 동호회들도 활발하게 활동한다는 이야기를 들었다. 게다가 일주일마다 발행되는 두서너 종류의 한인 신문에 모든 단체들의 동향이 소개된다고 귀띔했다. 그러면서 본인은 불교 신자이며 사찰에서 해마다 명절 때 차례를 지내고 있으니 가벼운 마음으로 한 번 다녀갈 것을 제안했다. 난 그분의 자상한 안내가 고마웠고 비록 불교신자는 아니었지만 제사에 대한 거부감도 없고 마침 석가탄신일 봉축 법회라서 연등이라도 달 겸 안내해 준 주소로 찾아갔다.

내가 찾아간 곳은 아담하고 고적한 사찰이 아니라 뜻밖에도 아시안들이 많이 사는 곳의 한 가정집이었다. 그때는 자체적으로 사찰을 조성할 형편이 못되어 임시로 신자의 집을 빌려 법회를 가졌던 것이다. 그리고 사찰의 큰 행사가 있을 때에는 베트남 사찰을 이용한다는 설명을 들었다. 석가탄신일 봉축 행사는 장소가 터무니없이 작았음에도 불구하고 많은 사람들의 참석과 질서정연한 분위기 속에서 화기애애하게 진행되었다.

나는 해마다 석가탄신일에 연등을 달았기 때문에 이곳에서도 연등 하나 정도는 달고 싶어 참가비를 물었다. 그랬더니 "가정마다 50불이며 학생은 본인 정성껏 내시면 된다."라고 안내하는 어른은 웃으면서 대답했다. 나는 다시 "저는 학생은 아니지만 가진 돈이 많지 않아서 50불을 낼 수 없어요."라고 겸연쩍게 말했다. 그분은 "부처님 앞에서는 모두 학생입니다."라며 즉석에서 속세의 학생 범위를 확대했고 나는 비록 적은 돈이었지만 그분의 따뜻한 말 한마디에 안심이 되어 기쁜 마음으로 보시했다.

그렇게 인연을 맺어 법회에 참석하게 되었지만 일주일에 한 번씩 시간을 낸다는 것은 우리로서는 불가능한 일이었다. 그래서 남편과 상의 끝에 일 년에 다섯 번 즉 구정, 부처님 오신 날, 추석, 백중날 그리고 동짓날 법회에 참석했다. 구정과 추석은 조상께 차례를 지내고 백중 역시 조상들을 위한 대중 공양일이어서 굳이 말하자면 효심의 발로에서 참석했다. 그리고 부처님 오신 날과 동짓날은 떠들썩한 잔치 분위기가 그리워서 손꼽아 기다리며 참석했다.

비록 일 년에 몇 번밖에 참석 못하는 법회였지만 참석할 때마다 목이 메고 눈물이 앞을 가렸다. 부모님과 조상들의 그리움 그리고 늘 따뜻하게 환대해주는 부처님 닮은 사람들이 주는 감동 때문이었는데 그렇게 눈물을 흘리고 나면 마음이 한결 가벼워져 기쁜 마음으로 경전을 독송하곤 했다. 이민 초기, 사찰은 조상께 예를 갖추는 형식을 통해 과거와 현재를 성찰하게 했으며 현실을 극복할 수 있게 힘을 주는 위안처였다.

6년이란 세월이 흘러 우리 사찰에도 여러 가지 변화가 생겼다. 우선 사찰을 조성할 만한 터를 마련하였고 상주하시는 스님도 계시다. 스님께서는 불교대학을 개강하시고 교민 신문에 경전을 쉽게 해석한 글도 쓰시며 꾸준히 포교활동을 하신다. 불자 수(數)도 꾸준히 늘어서 큰 행사에는 제법 많은 사람들이 참석한다.

괄목상대할 만한 사찰의 변화에도 불구하고 나는 6년 전 그대로 초보 신자다. 법회 때 웬만한 신자들은 반야심경을 암송하는데 난 책이 없으면 아직도 남의 입만 쳐다보는 수준이다. 그러나 비록 경전의 참뜻은 알지 못하지만 생활 중에 오계와 말씀을 지키려고 노력한다. 이제 한 가지 더 남편은 법명인 법공(法空) 즉 물질과 마음의 탐착을 끊고 일체 중생의 행복과 이익을 위한 보살행을 해야 한다. 또한 나는 성현의 공덕을 꽃 피우는 성덕화(聖德華)란 큰 이름에 걸 맞는 삶을 실천하려고 노력하고 있다.

신작로의 자전거 행렬

한 무리의 자전거 팀이 신호등 앞에서 멈춘다. 착 달라붙는 복장 때문에 몸매가 도드라져 보이는데 활처럼 유연하게 휜 허리와 탄력 있는 팔, 다리근육 그리고 헬멧과 선글라스 등이 멋지게 조화를 이루어 마치 영화촬영장의 배우들 같다. 신호가 바뀌자 선두에 있는 사람이 손으로 진행 방향을 가리키며 물 찬 제비처럼 날렵하게 출발한다. 후미에 있는 사람 역시 같은 방향을 지시하며 따라가는데 그 일사불란한 모습이 듬직하며 상쾌하다. 이곳 브리즈번에서는 웬만한 도로라면 흔히 볼 수 있는 익숙한 풍경이다. 다만 목적지에 따라 복장을 조금씩 달리 하지만 헬멧은 꼭 착용해야 하고 만약 이를 어길 경우 벌금을 내야 한다.

자전거는 도심지의 교통난과 주차 문제를 해결하고 공해를 유발하지 않는 친환경적인 교통수단이다. 특히 이곳의 경우, 도시가 작아 이동 거리가 짧으니 운동 삼아 자전거를 이용하는 사람도 많다. 시민들이 이동과 운동 수단으로 자전거를 많이 이용하니 주(州) 정부에서도 자전거 타기에 불편함이 없도록 정책적으로 세심한 배려를 한다.

우선 자전거와 함께 대중교통 수단을 이용할 수 있다. 버스의 경우 출입구에 작은 보드를 추가로 설치하여 자전거나 휠체어, 유모차 등 바퀴 달린 탈것들이 불편하지 않게 오르내릴 수 있도록 설계되어 있다. 게다가 차내 공간이 넓어서 다른 탑승객들에게 피해주지 않고 자신의 탈 것들과 함께 안심하고 안전하게 목적지까지 갈 수 있다.

또한 관공서 중심으로 구간 별로 노란 자전거인 city cycle을 운영한다. 이 제도는 복잡한 시내에서 걷기에는 좀 멀고 교통수단을 이용하기에는 부담스러운 거리를 적절하게 이용하는데 효과적이다. 노란 자전거를 잘 이용하면 걷기에 소요되는 시간과 비싼 교통비를 절약할 수 있다. 그리고 구간별로 운영되기 때문에 자신의 목적지 근처 구간에 분실이나 도난의 염려 없이 편안하게 주, 정차를 할 수 있어 편리하다. 한편 각 직장에서는 사무실내 샤워 실을 설치하여 자전거 이용자나 뛰거나 걸어서 출근하는 사람들이 쾌적하게 근무할 수 있도록 배려하고 있다.

그러나 이와 같은 배려에도 불구하고 자전거는 특별한 안전장치가 없기 때문에 조금만 방심하면 사고가 날 수 있다. 운전을 하다 보면 자전거와 함께 도로를 공유할 때가 있는데 이럴 때는 자전거 운전자 보호에 최대한 신경을 써야 한다. 그래서 바짝 긴장하고 속도를 줄인다. 그렇게 서로 조심해도 사고는 한순간이라서 도로를 운행하다 보면 꽃으로 장식한 하얀 자전거를 종종 볼 수 있다. 이것은 자전거 사고로 인한 사망자를 추모하는 현장인데 처음 호주를 방문하는 외국인들은 거리의 특별한 장식품으로 오해하고 사진을 찍기도 한다.

자신의 자전거 실력을 과신하지 말고 너무 이르거나 늦은 시간의 이용을 자제한다면 브리즈번같이 작고 쾌적한 도시에서는 자전거 타기가 꽤 낭만적인 운동 겸 이동 수단인 것 같다. 꽃무늬가 수수한 원피스를 입은 중년의 아줌마가 일용할 식료품을 앞좌석에 매달고 낙엽 지는 거리를 달리는 모습이나 자전거 타기에 앞서 아들의 장비를 체크하는 아빠의 세심한 정성 등은 오래된 사진처럼 평화롭고 아름답다.

중학교 때 나는 자전거 통학생이었다. 운동을 싫어하고 기계치였던 나는 자전거 통학을 거부했지만 워낙 학교가 멀어서 나중에는 부모님의 제안에 순순히 동의했다. 아버지는 내 몫의 새 자전거를 사오셨고 신작로에서 자전거 타는 법을 가르쳐 주셨다. 나는 일주일 넘게 넘어지면서 겨우 자전거를 배웠다. 중심을 잡았는가 싶으면 뒤에서 잡고 있던 손을 슬그머니 떼시는 바람에 방심하고 있던 나는 신작로 옆의 콩 포기며 작은 도랑 사이로 수도 없이 빠졌다. 집에서 읍내의 학교까지는 15리 길이었다. 그런데 여학생 체면에 학교 앞까지 자전거를 탈 수는 없었고 더군다나 읍내는 너무 복잡해서 위험했기 때문에 다만 읍내

초입의 자전거 점포까지만 자전거를 이용했다.

처음 자전거를 이용해서 학교 가는 날, 아버지는 일하는 곳에 양해를 얻어 나와 동행했다. 하루는 아버지가 앞에서 달리고 다음 날은 뒤에서 나를 보호하며 달렸는데 청각장애자인 아버지가 뒤에서 달릴 때는 오히려 내가 더 불안했다. 자전거 뒤에서 울리는 경적 소리를 아버지가 들을 수 없기 때문에 나는 자전거 타기에 익숙하지 못했지만 내 고집대로 아버지를 앞세웠다. 그렇게 일주일의 적응기간이 끝나고 아버지는 예전처럼 새벽에 나가시고 나는 이른 아침에 상의는 교복, 하의는 짙은 초록색의 체육복을 입고 자전거를 타고 학교로 향했다. 버스를 염원하며 동네 부역(賦役)으로 만든 신작로는 정작 있어야할 차는 없고 드문드문 경운기와 등교하는 학생들의 자전거 행렬이 이어졌다.

그때는 애매한 소문도 참 많았다. 읍내를 오가다 같은 동네 사람을 만나면 누구든 자전거를 세워 뒷자리에 앉혔다. 그런데 자전거 구조상 뒤에 앉은 사람은 반드시 앞에 앉은 운전자의 허리를 잡아야 균형을 잡을 수 있다. 그래서 민망하나마 허리를 잡은 것이 둘 사이가 이상하다는 둥 매일 함께 읍내를 오간다는 둥 근거 없는 소문이 쉴 새 없었다. 소문이야 어쨌든 남자들은 걷기에 연약한 여자들을 만나면 지체 없이 뒷자리에 태웠고 행여 자전거 체인이 빠져 곤경에 처한 여학생을 보면 시커멓게 기름때를 묻히면서 기사도 정신을 발휘했던 순수했던 시절이었다.

나의 자전거 통학은 고등학교 때 중단되었다. 말(馬) 만한 여학생이 다리를 벌리고 자전거를 타는 것이 못내 부끄러워서였다. 내가 타던 자전거는 중학생이 된 동생 차지가 되었고 운동신경이 발달한 동생은 몇 번의 연습 끝에 나의 무거운 자주색 가방을 꽁꽁 동여맨 채 신나게 질주했다. 가방으로부터 해방된 나는 훨씬 편안해져 친구들과 비밀스럽게 소곤거리며 여고 시절을 마무리했다. 15리 길의 읍내로 학교를 다녀야했던 6년 내내 버스는 끝내 들어오지 않았고 시골마을의 자전거 이용은 일상이 되었었다.

지금, 우리 집 창고에는 내 자전거가 있다. 아는 친구가 다른 도시로 이사하면서 물려준 것인데 새것처럼 깨끗하고 튼튼하다. 처음 내가 이 자전거를 만나던 날, 슬그머니 옛날이 그리워 나도 모르게 자전거 안장을 만져보았다. 그 모습을 본 가족들은 농담으로 한번 타보길 권했다. 몸치인 내가 감히 접근이나 할까 싶어 능글거리며 놀리는 말투였다. 사실, 학창시절 이후로 한 번도 타 본 적이 없기 때문에 나도 내 실력이 의심스러웠다. 그런데 몇 번의 발 구르기를 한 후, 재빠르고 안전하게 안장에 올라타면서 예전의 실력을 유감없이 발휘할 수 있었다.

이후 나는 일에 가닥이 잡히지 않아 생각이 필요할 때면 자전거와 함께 공원으로 나가 힘차게 페달을 밟는 자전거 애용자가 되었다. 둥그런 공원을 아무 생각 없이 둥글게 둥글게 서너 바퀴 돌면 이마에 땀이 맺히면서 어느새 세상사가 자전거 바퀴처럼 둥글어짐을 느낀다. 당시 형편상 어쩔 수 없이 배워야 했던 자전거 타기가 지금은 내 마음과 육신을 단련시키는 운동이 된 것이다.

애완견들의 천국

동네 초입의 애완견 전용 공원에 저녁이 되자 개들이 주인의 손에 이끌려 속속 모여든다. 애완견 전용 공원은(Dog off-leash areas) 문자 그대로 개들이 목줄 없이 자유롭게 뛰어놀 수 있는 공간으로 사람들이 이용하는 공원 한 귀퉁이에 울타리를 쳐서 구분하고 있다. 이곳에는 이용 안내판과 배설물을 처리할 수 있는 쓰레기통, 그리고 주인들이 앉을 수 있는 의자가 마련되어 있다. 개들은 무리 지어 장난감인 공이나 뼈다귀를 물고 마음껏 뛰어놀며 주인들은 재롱부리는 자녀들을 보듯 흐뭇한 얼굴로 지켜보고 있다. 그리고 개에 관련된 정보를 공유하고 'lovely'를 연발하며 이웃 간의 정을 돈독히 한다. 반상회가 따로 없다.

시골에서 자란 나는 보통 누렁이라든가 바둑이라고 불리는 개들과 친했다. 당시 우리 부모님들은 개의 겉모양을 보고 이름을 불러서 동네에는 많은 검둥이, 흰둥이, 누렁이, 얼룩이 그리고 바둑이들이 있었다. 지금도 시골집을 회상하면 텃밭과 감나무와 그리고 마당 한 귀퉁이 묶여 있던 흔히 누렁이라고 불리는 황구(黃狗)가 떠오른다. 순박한 표정의 누렁이는 제 집에 앉아서 우두커니 밖을 응시하고 있다가 인기척이 들리면 벌떡 일어나 짖거나 꼬리를 흔들며 충실한 파수꾼 역할을 했다.

가족들은 오다가다 한 번씩 누렁이를 쓰다듬고 남은 음식을 거두어 먹이면서 가족처럼 애틋하게 사랑했다. 그런 누렁이가 새끼를 갖게 되면 엄마는 생선가게에서 부산물을 얻어와 장시간 고와 특식으로 먹였다. 그리고 누렁이의 해산 일이 임박해지면 새 짚을 깔아주는 등 만반의 준비를 했다. 드디어 새끼를 낳았다는 소식을 들으면 우리 형제들은 당장 강아지들을 보고 싶어 안달을 떨었다. 그러나 엄마는 부정 탄다고 2~3일 동안은 근처에 얼씬거리지도 못하게 했다. 만약 부정 타면 누렁이가 새끼들에게 젖을 먹이지 않아 새끼가 모두 죽는다고 엄포를 놓았다. 그리고 엄마만 살며시 드나들며 미역국을 먹이고 마치 사람에게 말하는 듯 어미에게 새끼 돌보는 법을 가만가만 이야기했다.

엄마가 허락한 날, 우리는 강아지를 보러 갔다. 어미가 된 누렁이는 평소와 다르게 으르렁거리며 우리를 경계했고 새끼들은 꼬물꼬물 어미의 가슴을 파고들었다. 얼마 후 젖을 뗀 강아지들은 약속된 새 주인 집으로 뿔뿔이 흩어지고 그러길 서너 차례, 온 동네는 생김새와 이름이 비슷한 개들이 번갈아 왕왕거리며 마을을 지켰다. 이처럼 40~50년 전 농가의 개는 가족의 일원으로 도둑을 지키며 골칫거리인 쥐를 혼내주고 남은 음식을 처리했던 실용 목적으로 키워졌었다.

단독주택이 많은 이곳 역시 개를 키우는 집이 많다. 개를 돌보면서 어린아이들은 생명체를 소중히 여기고 스스로 돌보는 의무를 부여함으로써 책임감을 키울 수 있다. 또한 노인들은 외로움을 해소할 수 있고 함께 산책도 하며 좀 더 건강한 생활을 영위하고 있다. 아침, 저녁으로 노인을 모시고 혹은 유모차와 함께 산책 나온 애완견들을 이곳에서는 흔히 만날 수 있다. 놀라운 것은 이곳의 애완견들은 주인과 반드시 적당한 거리를 유지하며 안전하게 걷고 신호등 앞에서는 불이 바뀔 때까지 얌전히 기다린다. 풀어 놓으면 외부인을 위협하거나 농작물을 망쳐놓는 등의 말썽을 부렸던 예전의 시골 개와는 너무나 다르다. 같은 본성을 지녔을 개들의 행동이 너무나 달라 비법을 물었더니 새끼 때부터 전문적인 훈련기관에 의뢰해 교육을 시킨다고 했다. 만약 전문 기관에 의뢰하지 않고 주인이 직접 훈련시킬 때에는 반드시 부드러운 목소리로 유도하며 처벌보다는 보상을 강조하라는 카운실(Council)의 방침이 있을 정도다.

직업 특성상 우리는 개인 집을 방문하는 경우가 많다. 그럴 때 주인은 우리에게 애완견을 포함한 가족 구성원들을 소개한다. 소개된 개들의 위상은 사람 못지않다. 개성이 묻어나는 이름은 물론 애완견의 사진으로 벽을 장식한 집도 많다. 뿐만 아니라 가족 간 안부를 물을 때도 개의 안부를 빼놓지 않으며 가족 명의로 발송되는 크리스마스 카드에도 개를 포함시킨다. 만약 애완견이 방문자인 우리를 경계하여 꼬리를 내리며 두려워하거나 오래 짖으면 주인은 개가 상황에 적응될 때까지 인내를 가지고 최선을 다한다. 심지어 개 컨디션 때문에 휴가를 내는 주인도 있는데 개가 경계를 풀고 평소처럼 자유롭게 행동하면 비로소 사람의 일상도 편안해진다. 이럴 때 우리는 개가 상전이라며 비아냥거리곤 하는데 실제로 호주에서는 여자와 어린이가 보호 1순위이고 그 다음이 동물이라는 우스갯소리가 있을 정도다.

이처럼 주인이 개를 차별 없이 사랑으로 대하니 개도 사람인 양 의젓하게 행동한다. 방문자를 보면 오래 사귄 친구처럼 반갑게 꼬리를 흔들어 환영하고 적당한 거리를 유지하며 편안하게 지낸다. 정원이나 베란다에서 장난감을 가지고 놀다가 심드렁해지면 안방 침대 위나 거실의 소파에 앉아 방문자의 행동을 물끄러미 바라본다. 방문자가 일을 마치고 작별 인사를 하면 대문까지 나와서 배웅하는 매너를 잊지 않는다.

처음에는 너무 큰 개가 목줄도 없이 주변을 어슬렁거려 무서웠는데 이제는 친구처럼 반갑다. 이곳에서는 두 시간 이상 개를 묶어 놓으면 동물 학대라 규정하고 벌금을 부과하기 때문에 이처럼 풀어놓고 키운다. 텅 빈 집에 개 혼자 있는 것이 안타까워 두 마리를 기르는 가정도 많은데 카운실의 허가 없이 두 마리까지는 가능하다고 한다. 이처럼 개 키우는 가정이 많다 보니 주변에 피해를 최대한 줄이기 위해 개 주인이 지켜야할 의무사항이 많다.

가정집의 모든 개들은 반드시 카운실에 등록하며 유기견 방지를 위해 마이크로 칩을 주입해야 한다. 이밖에도 개를 동반하여 공공장소를 이용할 때의 주의사항과 배설물 관리, 조용하게 훈련시키는 법 등이 있다. 예방접종은 물론 쾌적한 공간과 적당한 운동 그리고 방치하지 말고 돌봐야 한다. 제시된 의무사항을 지키지 않으면 과태료를 지불한다. 이런 부담을 감수하면서까지 개를 키우는 이유는 변함없는 개의 본성 즉 주인에 대한 변치 않는 충성심 때문일 것이다.

종종 우리는 주인을 위해 목숨을 바치는 개의 미담을 접할 수 있다. 우리나라 전래 동화인 '오수의 개'가 그렇고 재난 현장에서 동행했던 개의 도움으로 위기를 모면했다는 이야기가 그렇다. 이런 개의 한결같은 품성 덕분에 애완견을 키우는 가정이 날로 늘어난다. 중요한 것은 개를 사랑하는 만큼 정해진 규칙을 잘 지켜야 한다. 그래야 개도 사람도 함께 행복할 수 있다.

어느 특별한 봄날의 향기

회색 두루마기를 멋스럽게 차려 입은 거구의 외국인 지휘자가 뚝뚝 흐르는 땀을 훔치며 관객의 성원에 정중하게 인사를 한다. 여기저기 휘파람 소리, 박수소리, 단원들의 발 박자 소리, 홀 안은 열광의 도가니다. 퀸스랜드 한인 오케스트라 정기 연주회 모습이다.

잘 아는 분으로부터 한인 오케스트라 정기 연주회를 함께 가자는 제안을 받았을 때 참으로 기뻤다. 아이들 어렸을 적에는 딱히 그 방면에 안목도 없으면서 음악회다 미술전이다 여기저기 기웃거리며 사진도 찍고 서로 소감도 이야기하면서 여흥을 즐겼었다. 그런데 아이들 유학 보내고 달랑 남편과 둘만 남게 되자 오히려 시간도 많고 관람 기회도 여러 번 있었는데 선뜻 내키지 않아 도외시하며 살았다. 아이들은 타국에서 저희들끼리 낯선 언어와 환경에 갖은 고생을 하고 있는데 아이들 없는 빈자리를 우리끼리 오붓하게 즐기는 것이 왠지 부모로서 도리가 아닌 것 같아 가급적 자제했었다.

그러다가 이민 와서는 새로운 환경에 적응하기 바빠 문화생활이란 것은 엄두도 못 내고 살았다. 그래도 밥만 먹고 살 수는 없어서 가끔 다운받은 영화나 가요를 즐기면서 공허한 마음을 달래곤 했었다. 그런데 가만히 앉아서 즐기기만 하는 체험과 준비부터 귀가까지 복잡한 과정이 동반된 체험과는 좀 차이가 있어서 심드렁한 참이었는데 동행 제안을 받으니 설레고 기뻤다.

퀸스랜드 한인 오케스트라 정기 연주회는 사우스 뱅크(South Bank)에 있는 작은 콘서트홀에서 열렸다. 사우스 뱅크는 브리즈번의 문화 중심지로 1988년 세계 박람회 개최도시로 선정되면서 개발되었다고 한다. 브리즈번 시내와는 강 하나를 사이에 두고 위치해 있는데 인공 비치(beach)와 박물관, 도서관, ART 센터, 컨벤션 센터 등 각종 문화 공간이 밀집되어 있어 마치 한국의 강남과 강북의 차이처럼 느껴지는 곳이다. 한인 오케스트라 정기 연주회는 해마다 이 아름다운 곳에서, 신비한 보랏빛 자카란다가 만발하는 10월에 개최되는데 올해로 벌써 8년째라고 들었다.

오랜만에 붙박이장 깊숙이 보관했던 원피스를 차려 입고 봄밤이 좀 썰렁할까 싶어 재킷을 챙겼다. 일찍 만난 우리는 학창 시절 여학생들처럼 깔깔거리며 거리를 활보하다가 맛있는 커피 집에 앉아서 지나가는 사람들을 감상하며 시간을 보냈다. 이윽고 연주회 시간, 초대받은 장소에 도착하니 한인 오케스트라 연주회인데 외국인 관람객이 더 많은 것 같았다. 그도 그럴 것이 오케스트라 단원 중 외국인의 비율이 꽤 높다고 단장님께서 설명하셨다. 처음 본 오케스트라 단장님은 남자 체격으로는 좀 가냘프다는 인상을 받았다. 그런데 어디서 그런 순수한 열정이 솟아 황무지 같은 한인사회 문화 부문에 저토록 헌신할 수 있을까? 하는 생각에 존경심이 절로 생기고 갑자기 내 자신이 부끄러워졌다.

이민 생활 6년 남짓, 난 한국인이면서 한 번도 한인 단체의 행사에 관심을 가진 적이 없고 기부금이나 한인회비라는 것을 납부해본 적도 없다. 매년 한인 단체에서는 자라나는 세대들에게 한국인으로서의 정체성과 자긍심을 심어주고 우리 것을 세계 속에 알리기 위해 어려운 여건 속에서도 이런저런 행사를 정성껏 준비한다. 내 나라의 문화와 전통을 세계 속에 알리는 것은 나를 알리는 것과 같다. 어디를 가든 나의 뿌리는 한국인 것이다. 이런 자랑스런 행사에 서로 관심을 갖고 흔쾌히 약간의 후원금이라도 보탠다면 행사 운영상 큰 도움이 될 텐데 어찌된 일인지 대부분의 교민들은 나처럼 무관심으로 일관하는 것 같다. 15세기 르네상스 개막은 메디치 가문의 절대적인 후원의 결과였듯 우리도 이젠 건전한 기부문화에 관심을 갖고 동참해야한다는 의무감 비슷한 생각을 하며 정해진 자리에 앉았다.

올해는 웅장한 오케스트라의 선율과 우리의 악기인 대금과 해금 소리를 감상할 수 있었다. 악기에 문외한인 나는 대금 소리를 들으면서 퉁소 소리를 연상했다. 그리고 외갓집 뒷마당의 푸른 대나무에 달빛만 가득했던 고즈넉한 순간이 떠올랐다. 뒤이어 연주된 해금 소리는 관심을 갖고 몇 번 들은 적이 있어서 오롯이 몰입할 수 있었는데 끊일 듯 말 듯 앵앵거리며 애간장 태우는 소리에 저절로 눈시울이 붉어졌다. 마지막 순서는 이 행사를 위해 특별히 초청된 젊은 국악인의 도라지 타령과 밀양 아리랑 등 민요 감상이었다. 두 노래가 오케스트라를 만나니 민요 특유의 정서인 애수(哀愁)가 가슴 벅찬 아름다움으로 승화되어 잔잔한 감동을 일으켰다.

다만 한 가지 아쉬움이 있다면 원래 민요라는 장르는 겨레의 구전 음악으로 청아한 독창보다는 여럿이 어우러져 한 목소리를 낼 때 좀 더 본질에 가깝고 아름답지 않을까? 하는 생각이 들었다. 초대 국악인 한 사람의 자리가 아닌 모인 참석자 전원이 도라지와 아리랑을 부른다면 얼마나 감동적인 자리가 될 수 있을까? 이왕 판을 크게 마련하였으니 각자 가슴 속 굽이굽이 맺힌 사연을 선율과 함께 한바탕 풀어보는 것도 의미 있는 일이 아닐까? 하고 생각했다. 남의 잔치에 초대되어 마음껏 즐기고, 먹은 것 없이 배만 부르다고 투덜거리는 못된 심보인 것 같아 미안하지만 솔직한 이런 의견들이 수렴된다면 다음 해는 더욱 성숙하고 훌륭한 한인 오케스트라의 선율을 감상할 수 있을 것 같다.

민요가 남긴 흥에 겨워 어깨를 들썩이며 퇴장하는데 목사님도 계시고 스님도 계시다. 처음 보는 할머니도 계시고 낯이 익은 젊은이도 있다. 우리는 모두 하나, 한국인이다. 올해는 친구의 기부 덕분에 오감(五感)을 정화시켰다면 내년에는 나의 기부로 또 다른 인연을 맺도록 노력해 볼 참이다. 작은 관심과 실천이 우리의 문화를 널리 알릴 수 있는 터전을 만들고 모두의 삶을 윤택하게 하며 더 나아가 세상을 살 만한 곳으로 만들지 않겠는가.

우리 동네 크리스마스

12월 중순에 접어들면서 날씨는 본격적인 폭염의 연속이다. 에어컨을 세게 틀고 캐롤송을 듣는데 아무리 라디오에서 분위기를 띄워도 크리스마스 기분을 느낄 수가 없다. 맞은편에서 오는 차는 앞부분에 어른 주먹만한 빨간 방울을 달고 양쪽 안개 등 위에 사슴뿔을 달아 힘차게 썰매를 끄는 루돌프 사슴을 연상케 한다. 큰 도로를 지나 막 우리 동네로 진입하니 가로수마다 중간 부분에 빨간 리본 장식을 달고 있다. 그리고 드문드문 정원의 나무에 소박하게 반짝이를 얹고 전구를 달아 장식한 것을 보니 그제서야 크리스마스가 가까워졌다는 것을 느낄 수 있다.

크리스마스의 백미(白眉)인 눈도 없고 싸늘한 추위도 없으니 '참 재미없는 크리스마스'라고 생각하며 집에 들어서는데 대문 앞에 선물 봉투가 놓여있다. 옆집 필리(Pilly) 할머니께서 놓고 가신 거다. 우리 집 대문 앞에 낯선 물건이 있으면 그건 그 할머니께서 놓고 가신 것으로 간주하면 된다. 가끔 정원에서 수확한 과일 한 덩어리, 꽃모종 혹은 씨앗도 출처를 알고 보면 모두 할머니의 선물이다. 93세인 할머니는 주변에서 가장 나이가 많으신데 가장 먼저 이웃들에게 선물을 돌리신 것이다. 봉투에는 예쁜 카드와 성탄 분위기가 물씬 나는 티 타올(Tea Towel) 두 장이 들어 있다.

나는 이웃들 중에 제일 나이도 어리고 이 골목의 새 식구인 만큼 먼저 신고식을 하고 싶었는데 할머니에게 기회를 빼앗긴 셈이다. 사실, 나는 12월 중순에 들어서면서 예쁘고 실용적인 양초와 카드를 선물용으로 준비했다. 그런데 막상 카드를 쓰려니 정확하게 이웃들의 이름을 쓸 수가 없었다. 평소에 필리, 로레인, 캐서린, 폴, 데이비드 이렇게 부르기는 했어도 정확하게 스펠링을 여쭤본 적이 없기 때문이다. 그렇다고 일부러 문 두드리고 여쭤 보기도 민망하고 카드를 받으면 거기에 쓰여진 이름을 확인하고 회신을 해도 늦지 않을 것 같아 미루고 있던 참이었다. 만약 크리스마스 전날까지 카드가 오지 않으면 그때는 하는 수 없이 노크해서 스펠링을 물을 수밖에 없는 상황이다.

그리고 이틀 후, 오른쪽으로 옆집에 사시는 로레인(Lorraine) 할머니와 데이비드(David) 할아버지께서 우체통에 선물을 놓고 가셨다. 이 부부는 우리 집 근처에 사시는 노인들 중 최연소자로 할머니는 75세 할아버지는 78세이시다. 최연소 할머니답게 목소리도 쩌렁쩌렁하시며 직접 운전을 해서 동네 할머니들을 태우고 나들이를 즐기신다. 할아버지 역시 젊은 축에 들어 아침 일찍 출근하셨다가 오후 3시에 퇴근하는 직장인이시다. 두 분은 고양이를 키우고 정원을 가꾸시는데 할머니 댁과 우리 집 사이는 울타리가 낮아 두 집의 정원을 함께 즐길 수 있다. 정원에서 일하다가 마주치면 호탕한 목소리로 "너 네 집은 마켓이야."라며 관심을 보이신다.

채소가 많아 마켓이라고 불리는 우리 집과는 달리 할머니 집 정원은 배롱나무나 프렌치 페니(French Penny) 등 키 큰 꽃나무가 많다. 프렌치 페니 꽃은 노랑과 흰색, 빨강 등 색상이 다양한데 그 댁의 프렌치 페니는 주황색이라서 여름이 되면 주위의 시선을 사로잡는다. 할머니 댁의 아들, 딸 삼남매는 프렌치 페니가 아름다운 계절에 해를 달리하여 결혼식을 했다고 한다. 그녀는 그 꽃을 배경으로 찍은 자식들의 결혼식 사진을 보여주며 자랑스러워했다. 그 사진을 보면서 소박하고 평화로우며 아름다운 이 나라의 결혼 풍습과 따뜻한 가족애를 느꼈었다.

이브 날이 되자 할머니 댁의 가족들이 하나 둘 도착한다. 할아버지는 빨간 산타 모자에 반바지 차림으로 주황색 프렌치 페니 밑에 텐트를 치고 큰 튜브에 물을 받아 임시 수영장을 만드신다. 할머니 역시 산타 모자에 빨간 앞치마를 곱게 두르고 요리를 하시는데 물놀이를 즐기는 아이들의 웃음소리와 음식 냄새로 모처럼 부산하다.

뒷집 사시는 폴(Paul) 할아버지는 선물꾸러미를 들고 직접 이웃들의 문을 노크하셨다. 독실한 기독교 신자이시며 빌더(Builder)로 일하시는 멋쟁이 폴 할아버지는 주변에서 만물박사로 통하신다. 80세의 연세에도 파트타임 간호사로 일하시는 아내와 사고로 전신마비가 된 딸 나오미(Naomi) 그리고 손자 사뮤엘(Samuel)과 함께 살고 계신다. 당신의 사랑하는 딸이 임신 중 사고를 당해 전신마비가 되었음에도 불구하고 기적적으로 아들을 낳아 손자 사뮤엘을 얻었노라고 자랑처럼 말씀하시곤 한다.

폴 할아버지는 손자인 사뮤엘을 아들처럼 여기며 학교와 일터를 제외하고는 늘 함께하신다. 교회를 다녀오거나 정원을 손 볼 때나 잠시 이웃집을 방문할 때도 항상 함께하시면서 실천으로 사뮤엘을 가르치신다. 그런 두 사람의 모습을 볼 때마다 한국의 할아버지처럼 가정교육에 최선을 다하는 폴 할아버지가 존경스럽고 또 할아버지의 가르침을 거역하지 않고 늘 함께하는 사뮤엘이 기특하고 사랑스럽다. 우리 집을 방문한 두 사람은 "올해에는 특별히 새로운 이웃이 함께 해서 더 기쁘다."라는 덕담과 함께 이웃 사랑을 실천하셨다.

난 드디어 집 주변 노인 분들의 정확한 성함을 모두 알아낼 수 있었다. 우리 부부는 밤이 오기를 기다렸다가 준비한 선물과 카드를 각각의 우체통 앞에 살그머니 내려놓았다.

서너 집 건너, 동네에서 유일하게 아이들이 많아 노인들로부터 인기가 있는 엠마(Emma)네 집은 현관 입구부터 지붕까지 집 전체가 색색의 불빛으로 현란하다. 이때쯤 되면 동네마다 크리스마스트리 장식 대회가 있는데 대회에도 참가하고 아이들이 많으니 함께 즐길 겸 정성을 들인 것이다. 게다가 올해 우리 골목 송년회는 이 집 정원에서 개최한다고 이미 집집마다 통보했으니 여느 때보다 더 정성을 들인 눈치다.

산책 나온 주민들은 삼삼오오 모여들어 찬란한 불빛을 배경으로 사진을 찍으면서 즐거워한다. 그 모습을 보며 난 불현듯 눈(雪)이 사무치게 그리워졌다.

인생은 마라톤이다

이역만리 타국에서 같은 동네 산다는 특별한 이유로 막역하게 지내는 유민 아빠는 부지런하며 의지가 강한 사람이다. 바쁜 중에도 시간을 쪼개어 열심히 운동을 하더니 골드코스트(Gold Coast) 마라톤 대회에 참가신청서를 제출한다고 했다. 마라톤은 1등에 대한 염원보다는 완주에 의미를 두는 경기라서 참가 소식이 신선하기도 했지만 걱정도 앞섰다. 그런데 본인은 한국에서도 마라톤 경기에 참가한 경험이 몇 번 있어서 크게 걱정하지 않는 눈치였다. 이후 유민 아빠는 좋아하는 맥주도 자제하고 서너 달 열심히 운동에 매진하더니 드디어 7월 첫째 주 일요일 새벽, 가족과 함께 야심차게 골드코스트로 향했다.

우리 부부 역시 응원 차, 나들이 삼아 골드 코스트에 갔다. 목적지 주변은 이미 차와 사람으로 가득해 마라톤 대회의 열기를 더했다. 골드코스트 마라톤 대회는 1979년 처음 개최되었으며 이후 해마다 7월 첫째 주 토요일과 일요일 이틀에 걸쳐 시행된다고 한다. 이 마라톤 대회는 풀코스(Full Course)와 하프코스(Half Course), 휠체어(Wheelchair)마라톤과 휠체어(Wheel Chair)15㎞로 경기를 세분화하여 시행한다. 마라톤 계의 기라성 같은 선수들은 물론 각 기업이나 대학 팀 그리고 많은 운동 단체들이 참여하여 해마다 규모와 명성을 더 한다고 들었다.

우리가 도착했을 때, 현수막을 준비한 단체, 풍선과 반짝이로 멋을 낸 응원자들이 마라톤 코스를 따라 결승점을 향해 열을 맞추어 행군을 하고 있었다. 선수들은 주(主) 코스에서 자신의 한계에 도전하고 있고 응원하는 사람들은 가다 서다를 반복하며, 선수들의 사기를 북돋웠다. 우리 부부 역시, 무리 속에 섞여 파도처럼 휩쓸리며 7년 전 브리즈번 마라톤 대회를 회상했다.

당시 우리 아이들은 브리즈번에서 나의 남동생과 함께 유학 중이었다. 남동생은 학업을 마친 후 취업을 했고, 큰아들은 대학교 1학년, 작은아들은 고등학생이었다. 워낙 운동을 좋아한 남동생은 웬만한 거리는 자전거나 달리기로 다녔으며 휴일이면 산과 바다로 훌쩍 떠나곤 했다. 그에 반해 아이들은 집안에서 게임을 하거나 TV를 보면서 여유 시간을 즐겼다. 동생 생각에는 아이들이 귀중한 시간을 의미 없이 보내는 것 같아 한심하기도 했고 동기 부여도 할 겸, 브리즈번 마라톤 대회에 참가할 것을 권유했다. 그 마라톤 대회는 매년 8월에 열리는데 마침 그 해에는 우리 부부가 피서 차 브리즈번 여행을 결정했을 때였다.

운동을 별로 좋아하지 않는 우리 아이들은 그 제안이 썩 내키지는 않았다. 그러나 거절할 만한 마땅한 구실도 없고 더군다나 부모가 모처럼 방문한다는데 뭔가 이벤트를 준비해야 할 것 같아 자의 반 타의 반으로 참가 신청서를 제출했다. 그리고 한 달 동안 틈틈이 운동장을 달리면서 대회를 준비했다. 그런 아이들을 보면서 호주에 오니 갑자기 아이들이 어른스러워졌다며 우리 부부는 흐뭇해했다.

드디어 대회 날이 왔다. 우리 가족은 새벽에 집합 장소로 갔는데 거기 모인 인파를 보고 놀랐다. 그 당시 우리 부부가 느낀 이곳의 첫인상은 어디든 사람이 많지 않고 조용해서 침체된 시골 읍내 같았다. 그런데 그 새벽에 꾸역꾸역 모여드는 참가 인파를 보고 건강하고 역동적인 브리즈번의 저력을 느꼈다. 가볍게 몸을 푼 아이들과 남동생은 출발 신호에 맞춰 V자를 그리며 힘차게 출발했다. 우리 부부는 42,195km의 골인 지점인 뉴 팜 파크(New Farm Park)로 갔다. 족히 서너 시간은 걸리기 때문에 집에 들러서 아침이라도 먹자는 남편의 제안에 마음이 불편해서 바로 목적지로 향했다. 아이들은 처음 참가하는 마라톤 대회에서 힘겹게 달리는데 부모가 되어 편히 앉아 밥을 넘기는 것이 도리가 아닌 것 같았다.

도착지인 뉴 팜 파크는 축제 분위기였다. 방송국의 아나운서는 실시간으로 상황을 중계했으며 대형 TV를 통해 대회가 한창인 거리 모습을 볼 수 있었다. 군데군데 설치한 막사에는 위급

한 상황을 대비하여 의료원들이 대기 중이었고 자원 봉사자들은 참가자들을 위한 간단한 음료와 수박을 준비했다. 일찍 도착한 탓에 시간적 여유가 있었던 우리는 초조한 마음을 달랠 겸, 뉴팜 파크를 둘러보고 강변을 바라보며 사진도 찍고 커피도 마시며 주변을 서성거렸다.

그러다가 행사장 쪽으로 올라와 보니 삽시간에 많은 응원자들이 몰려 선수들을 편하게 볼 수 있는 앞줄은 꽉 찼다. 우리 부부는 행여나 서로 잃어버릴까 봐 손을 꼭 잡고 뒷줄에 서서 발꿈치를 들고 기웃거렸다. 선두 그룹은 환희에 찬 미소를 머금으며 두 손을 번쩍 들고 골인 지점을 통과했고 모인 사람들은 환호성으로 답했다. 꼬리를 물고 도착하는 선수들의 모습은 그 옛날 아테네의 승리 소식을 알리기 위해 드넓은 마라톤 평야를 외로이 달려, 마침내 목적을 완수한 병사(兵士)처럼 행복해 보였다. 응원하는 우리들은 선수들이 착용한 각양각색의 운동복과 유모차에 아이를 태우고 완주하는 모습, 휠체어를 밀고 장애인과 함께 뛰는 참가자 등 이색적인 장면을 보며 즐거워했다. 그리고 드디어 우리 아이들이 중도에 포기하지 않고 무리 속에 섞여 무사히 도착했다.

남동생과 작은아이는 별일 없었는데 큰아이는 운동에 적합지 않은 운동화 탓에 발에 피가 흥건했다. 도중에 너무 아파서 포기하고 싶은 생각이 몇 번 들었지만 함께 뛴 남동생과 작은아이가 속도를 낮추면서 격려했고 결승점에서 애타게 기다릴 우리 부부 생각에 완주했노라고 웃으면서 말했다. 대기 중인 의료원에게 간단한 치료를 받고 남은 시간을 즐겼는데, 완주한 남동생과 두 아이가 고맙고 기특해서 등을 두드리며 무심코 한참을 바라보았던 기억이 새롭다.

인파에 밀리어 아쉽게도 우리는 유민 아빠의 골인 장면은 볼 수 없었고 몇 번의 통화 끝에 겨우 두 가족이 만날 수 있었다. 유민이네 가족들은 아빠의 성취를 자랑스럽게 생각하며 메달과 행사 로고가 새겨진 티를 입고 현장 분위기를 즐기고 있었다. 골인 지점을 통과하는 벅찬 환희의 순간을 놓치기는 했지만 우리도 진심으로 유민 아빠의 완주를 축하하며 대형 스크린 앞에서 기념촬영을 했다. 유민 아빠는 오늘의 성취를 이렇게 말했다.

"한국에서 마라톤 대회에 참석했을 때는 내국인이 대부분이라서 동호인들끼리 즐기는 운동으로 가볍게 생각하면서 뛰었어요. 그런데 오늘의 대회는 세계인들이 모인 자리였고 우리보다 체격 조건이 뛰어난 선수들과 함께 달린다는 벅찬 감동으로 어떻게 시간이 흘렀는지 알 수 없었어요. 새로운 터전에서 좋아하는 마라톤 대회에 참가한 오늘이 '내 이력서의 또 한 페이지가 되겠구나'라는 생각에 한 발, 한 발이 소중하게 느껴져 무사히 완주할 수 있었던 같아요."

우리는 흔히 인생을 마라톤에 비유한다. 생의 길목에 어떤 변수가 기다릴 지 아무도 예측할 수 없다. 큰아이처럼 의지와 체력이 준비 됐어도 복장이 부실하면 곤란한 경우에 처하게 된다.

또한 당일의 기후나 도로 사정, 기타 돌발 상황으로 뜻밖에 중도에서 포기하는 경우가 생길 수도 있다. 지나친 자신감과 좌절감도 금물이다. 적정한 속도를 유지하면서 더불어 함께 달릴 때 소박하나마 성취의 기쁨을 누릴 수 있는 것이다. 당장은 힘들고 어려운 이민 생활, 스스로 선택한 뜻밖의 변수이지만 마라톤 대회에 참가한 마음으로 묵묵히 최선을 다해 오늘을 살아야겠다.

자연을 닮은 시간

드디어 모턴 아일랜드(Moreton Island)행 배를 탔다. 그곳은 브리즈번에서 배편으로 1시간 30분 정도면 도착할 수 있는 가까운 거리임에도 불구하고 선뜻 나서질 못했다. 그러다가 연말 연휴를 이용하여 남편과 단둘이 나선 것이다. 여행을 좋아하는 남편은 오랜만의 나들이라서 나보다 더 들뜬 것 같았다. 1, 2층을 오가며 사진도 찍고 뱃머리에 서서 멀어져 가는 선착장을 바라보며 홀가분함을 만끽하고 있다. 나는 그동안 한국에서 손님이 오거나 계절이 바뀔 때 향수병을 핑계로 여러 번 여행을 했지만 남편의 일상은 감히 여행 생각은 엄두도 못 낼 만큼 여유가 없었다. 그래서 매번 미안했는데 마침 크리스마스와 신정 연휴로 며칠 짬이 나서 서둘러 계획한 동반 여행이다.

연말의 연휴답게 각 층의 선실은 사람들로 가득했다. 자리를 잡고 남편이 사다 준 커피를 마시면서 아침에 아들이 건넨 봉투를 열어보니 뱃삯과 숙박비 정도의 돈이 들어있다. 아들 딴에는 모처럼 여행 떠나는 우리에게 효도하는 마음으로 기꺼이 보탠 소중한 돈이다. 봉투를 보니 문득 봄, 가을 동네 효도 여행을 다녔던 부모님 생각이 났다. 그동안 두 분이 함께했는데 아버지 병세가 악화되어 더 이상 장거리 외출이 불가능해졌다. 아버진 어렵지만 엄마라도 바람 좀 쐬고 오라고 자식들이 한결같이 권하지만 엄만 아버지 걸려서 못 간다고 작년부터 효도여행을 포기했다. 미안해하고 아쉬워하는 딸들에게 엄마는 "여행에 참석 못한 노인들을 위하여 동네 회관에서 잔치 상을 차렸다."며 참말인지 거짓인지 먹은 음식만 빠뜨리지 않고 보고했다.

연로하신 부모님 생각에 마음이 짠한데 문득 고국의 세월호 사건까지 생각났다. 아마 배를 이용한 여행이라서 그 사건까지 연상 되었나보다. 남들은 희희낙락 즐거운데 분위기 모르고 주책없이 눈물이 흐른다. 한번 호주에 다녀가시라 해도 여행이 겁날 만큼 건강이 안 좋은 부모님, 들떠있던 수학 여행길에서 다시는 돌아오지 못하게 된 자식 같은 학생들, 또 그들을 가슴에 묻은 부모들의 아픔 때문에 창피하리만큼 울었다. 오롯이 개인이었던 존재가 자식도 되고 부모도 되고 이제 호주 내 외국인 노동자까지 되고 보니 세상 일이 허투루 보이는 게 없다. 그렇게 제 설움에 눈물을 훔치는데 어느새 배는 목적지에 도착했다.

이제까지의 여행은 우리말로 소통하는 한국 여행이었고 외국에서의 여행은 가이드나 아이들과 함께여서 별 문제가 없었다.

그런데 달랑 남편과 둘만 오게 되니 숙소 입실부터 일정 관리까지 알아서 해결해야 한다는 부담감이 엄습했다. 그런 내 심정을 알아챘는지 남편이 주도적으로 스케줄을 잡고 길을 안내한다. 집 떠나오기 전에는 술만 좋아해서 미더운 구석이 별로 없었던 남자였는데 낯선 곳에 도착하니 여전히 든든한 나의 보호자다. 난 한결 가벼워진 마음으로 주변의 풍경을 감상할 수 있었다. 모턴 아일랜드는 길쭉한 모양으로 모래섬이며 숙박시설인 탕갈루마 리조트(Tangalooma Resort)가 선착장 가까이에 있었다. 푸른 바다 한 가운데에 있는 이 아름다운 섬의 모래 산이나 바다에서는 자연을 이용한 각종 체험거리들이 관광객들을 기다리고 있었다.

우리는 1박 2일 머물 방에서 여장을 풀고 수영복으로 갈아입었다. 이곳의 대부분 이용객들은 수영복 차림인데 바다가 가까이 있고 리조트 중간 중간에 수영장이 있어서 더우면 언제든지 물놀이를 즐길 수 있기 때문이다. 남편의 수영복이란 반바지 복장과 비슷해서 어색하지 않은데 모처럼 입은 내 수영복은 퉁퉁한 몸매를 그대로 드러내어 보기에 민망했다. 다행히 수영복에 랩 스커트가 딸려 있어 허리 위에 걸치니 감쪽같이 커버 되어 멋쟁이가 된 듯했다. 남편은 아내의 변신을 반가워하면서 기념사진을 찍자고 야단이다. 생각해보니 아이들 없이 둘만을 위해 수영복을 입어보긴 처음인 것 같았다.

요즘은 다양한 물놀이 시설 덕분에 연인들이 자연스럽게 수영복을 입고 즐길 기회가 많지만 우리가 데이트할 때만 해도 수영복 이야기가 나오면 서로 얼굴을 붉혔었다. 더군다나 민소매 옷도 입어 본 적이 거의 없는 촌사람인 내가 남성과 함께 수영복을 입고 물놀이를 즐긴다는 것은 상상조차 해본 적이 없었다. 그러다가 남편에게 수영복 모습을 처음 보인 것은 연년생으로 아이들을 낳고 물놀이를 갔을 때였다. 이제까지 남편이 본 나의 수영복 모습은 아이들 엄마로서의 모습이었는데 지금은 오롯이 당신 아내의 모습이어서인지 별로 아름답지 않아도 너그럽게 점수를 주는 눈치였다.

간편한 티셔츠를 덧입고 밖에 나온 우리는 다정한 연인처럼 손잡고 해변을 거닐었다. 섬 안에는 많은 체험거리가 있었지만 가급적 편하게 자연을 만끽하고 싶어서 모래 산을 달리는 쿼드 바이크(Quad Bike)와 헬리콥터를 이용해 섬 전체를 관람하는 것만 신청했다. 쿼드 바이크는 운전을 좋아하는 남편을 위한 것이고 헬리콥터 관람은 아름다운 섬 전체의 모습을 제대로 보고 싶어서 가격이 좀 비싸다 싶은데도 신청했다. 쿼드 바이크는 특수 제작된 오토바이를 운전하여 산 정상을 오르내리는 것인데 노약자를 제외하고 보통 한 사람에 한 대씩 탔다. 조작법이 간단하여 약간의 연습을 하고 선두 안내자를 따라 가는데 겁이 많고 운전에 자신이 없는 나는 남편과 동승을 원했다. 안내자도 안전을 위해 동승을 허락했는데 남편은 그 상황을 은근히 즐겼다. 정상까지의 여정은 험난했다. 겉에서 보기엔 그냥 산이지만 산속으로 들어가니 좁은 길들이 구불구불 완만하게 때론 위태롭게 정상을 향해 펼쳐져 있었다.

문득 어느 작가의 폭포와 분수를 통한 동·서양 문화 차이에 관한 글이 생각났다. 동양인들은 물의 본성을 거스르지 않는 폭포수를 사랑하는 반면 서양인들은 물의 본성에 도전하는 분수를 사랑한다고 했다. 분출하는 물줄기인 분수처럼 서양인의 문화는 도전과 창조정신으로 긴장과 지속을 반복하여 오늘날에 이르렀다는 이야기이다. 한국이라면 케이블카를 이용하여 산 정상까지 편히 갈 수 있을 텐데 성취감을 극대화하기 위해 스스로 운전대를 잡고 장애물을 극복할 수 있도록 설계된 것이다.

남편은 바이크에 앉자마자 평소와는 전혀 다른 터프한 모습으로 전진에 열중했고 나는 손에 땀을 쥐며 그의 허리를 잡고 응원했다. 겨우 바이크가 통과할 만한 좁은 오르막 산길에는 제법 큰 나무들이 많았는데 자신들의 공간을 훼손하는 인간들을 질책하듯 사정없이 얼굴과 어깨를 후려쳤다. 긴장의 순간이 지나고 가까스로 정상에 이르니 넓은 평지가 둥그렇게 펼쳐져 있었다. 남편은 좁고 험한 길에서 익힌 운전 솜씨로 마음껏 활보하고 그제야 긴장이 풀린 나는 환호하며 그 순간을 즐겼다. 다시 산을 내려온 쿼드 바이크 행렬은 해변을 서너 바퀴 돌았다. 마음껏 소리를 지른 탓인지 몸은 한결 가뿐해진 것 같고 마음은 10년은 젊어진 것 같은 느낌이었다. 나는 남편에게 엄지손가락을 치켜들며 안전 운행에 대한 고마움을 표시했고 그 역시 같은 사인으로 답례했다.

하늘에서 바라본 모턴 아일랜드는 그림엽서처럼 아름다웠다. 공군 제복을 입은 멋진 운전자는 요소요소 설명을 덧붙였지만 엔진 소리가 시끄러워 잘 들리지 않았다. 그래도 아무 상관없는 것이 귀보다 먼저 눈이 그 아름다움을 발견하여 온 감각 기관에 충실히 전달하고 있었다. 가루분처럼 뽀얀 모래를 이고 있는 산 정상은 항공에서 바라보니 대머리처럼 보였다. 멀리 등대가 있고 해변에는 캠핑 족들의 텐트와 해수욕과 낚시를 즐기고 있는 사람들이 있었다. 그뿐만이 아니다. 하늘에는 파라 세일링(Parasailing)을 하는 무지개 색 낙하산이 바람 따라 떠 있고 바다에는 점점이 크루즈가 흘러간다. 난파선 주변에는 스노클링(Snorkelling)과 카약(Kayak)을 즐기는 무리들이 있다. 사람과 기구들 사이로 바다새들은 오락가락 날고 바다거북은 유유히 헤엄치는데 사람과 자연이 질서 있게 공생하는 모습이 파라다이스 그 자체였다.

계획했던 일정을 마친 우리는 주변을 자유롭게 탐색했다. 뜨거운 태양이 버거우면 펼쳐진 바다에서 잠시 쉬고 시원한 야자나무 그늘에서 사람들을 구경하는 재미도 누렸다. 그러는 동안 아름다운 섬에 서서히 어둠이 내려왔다. 고래들이 사람들을 만나러 왔고 사람들은 고래에게 먹이를 주러 해변으로 갔다. 카페에서는 아름다운 음악이 흐르고 사람도 별도 음악에 취해 모두 행복해 보였다. 우리는 맥주 한 잔을 마주하며 많은 이야기를 했다. 살아온 날들에 대해 서로 치하도 하고 살아갈 날들에 대해 진지한 고민도 했다. 그렇게 모턴 아일랜드는 휴식이 필요한 사람들을 부르고 치유의 힘을 부여하고 어깨를 토닥거리며 넉넉한 모습으로 오늘도 그 자리에 있다.

자유는 공짜가 아니다

한국전 참전군 보은 행사(Korea War Veterans Day)에 참석하기 위해 골드 코스트(Gold Coast)에 갔다. 6·25당시 오스트레일리아 군인들은 연합군 소속인 영연방 27여단으로 가평 전투에 참가했다고 한다. 이 부대는 1951년 4월 23부터 25일, 중공군의 5차 공세를 성공적으로 방어하여 아군은 북한강 남쪽에 새로운 방어선을 구축할 수 있는 시간적 여유뿐만 아니라 서울~춘천간 주보급로를 확보할 수 있었다고 한다. 이로써 가평 전투는 부대원의 숫자보다 무려 5배 많은 중공군과 대적하여 승리를 거둠으로써 세계 전쟁사에 대승으로 기록되었다고 한다.

매년 한국에서는 이 전투를 기념하기 위한 행사가 4월 24일 가평에서 개최되며 자유를 수호하기 위해 이국(異國)에서 산화한 용사들의 넋을 추모한다. 2011년 60주년 기념행사에는 당시 호주 총리도 참석하여 양국의 우호를 다지는 기회가 되기도 했다.

호주에서는 전쟁 기념비가 세워져 있는 골드 코스트 캐스케이드 공원(Cascade Gardens)에서 7월 27일 휴전 협정 체결일을 기준으로 기념행사를 갖는다.

나는 전쟁을 직접적으로 겪은 세대가 아니기 때문에 그 참상을 잘 알지 못한다. 다만 어렸을 적 할머니의 '인공(人共)때는 어떠했다'로 시작되는 체험담과 책과 영상 등을 통해 실상을 알 뿐이다. 그러나 성장하면서 반공과 나라사랑 교육을 받으며 자유의 소중함을 알게 되었고 해외에 거주하면서 더 더욱 애국자가 되었다. 호주에는 우리 같은 자발적 이민자가 있는가 하면 전쟁을 피해 부득이 모국을 탈출한 난민들도 많다. 고국의 전쟁 소식에 가족들의 생사를 알 수 없어 애달파하는 그들의 이야기를 들을 때마다 비록 대치 상황이긴 하지만 전쟁 없고 자유로운 대한민국이 한 없이 자랑스럽다고 느낀 적이 많다.

행사장인 골드 코스트는 휴양지라서 차가 많았다. 가다 서다를 반복하다 목적지인 캐스케이드 공원에 도착했을 때 이미 많은 참전 용사들이 훈장을 단 제복을 멋지게 차려 입고 담소를 나누고 있었다. 백발인 참전용사 한 분은 기념비에 새겨진 전우의 이름을 어루만지며 격한 감정을 달래고 있었는데 보는 이로 하여금 숙연함을 자아내게 했다. 6·25전쟁 때 연합군이 파병되었다는 이야기를 역사로써 알았을 때와 참전한 노병들을 직접 보는 것은 큰 차이가 있었다. 생면부지인 외국인 할아버지가 감사하고 내 조국을 안다는 공감대 형성으로 친근하게 느껴져 손이라도 덥석 잡고 싶을 정도였는데 쑥스러워 사진 한 컷으로 대신했다. 심호흡을 크게 하고 한국전 참전 기념비를 둘러보았다. 이 기념비는 2015년에 호주의 국가 상징물로 지정되었다고 한다.

아담한 공원 한가운데 한글로 '영원히 잊지 않으리!'라는 문구를 새긴 가평 돌과 함께 참전 기념비는 서 있었다. 기념비의 정면은 고뇌에 찬 참전 용사의 전신상이 조각되어 있고 이를 기준으로 왼쪽에는 당시 참전 부대였던 왕실 호주 해군과 공군의 활약상이 오른쪽에는 긴 행렬의 피난민 모습이 돋을새김 되었다. 그리고 석가탑 닮은 탑과 석등이 조촐하게 왼쪽과 오른쪽 구석에 각각 서 있었다. 하나하나 가만히 만져보고 상념에 잠겨있던 순간도 잠깐, 행사장은 본격적으로 활기를 띠기 시작했다. 참전 용사들은 물론 조화(弔花)를 준비한 가족에 어린 학생들도 참가하였다. 드디어 식이 거행되었다. 야외 행사장이라서 자칫 추울 수도 있는데 겨울이라고 믿기지 않을 정도로 온화한 바람이 산들산들 불었다.

호주와 뉴질랜드 국가 그리고 애국가를 시작으로 식순에 의해 앉았다 일어서길 여러 번 하고 목사님의 추도 예배도 있었다. 그리고 한복을 멋스럽게 차려 입은 중학생 정도의 두 남학생이 한국인들을 대신해 씩씩하게 감사의 글을 낭독했다. 요지는 '우리나라의 자유와 평화를 수호하기 위해 참전한 모든 분들께 감사하며 전쟁 폐허를 딛고 우리는 빠른 경제 성장을 이룩했을 뿐만 아니라 지금은 세계 평화를 위해 여러 나라들과 어깨를 나란히 하고 있다'라는 내용이었다. 이 낭독에서 야무지게 거듭 강조하는 구절이 '자유는 공짜가 아니다(freemdom is not free)'였다. 그렇다. 자유는 많은 희생을 필요로 한다. 우리는 우리의 힘으로 자유와 평화를 지킬 수 없었던 슬픈 역사를 갖고 있으며 지금도 진행 중이다. 그런데 이러한 참담한 현실을 제대로 인식하는 젊은이들이 많지 않은 것 같다. 우리의 독립과 가깝게는 6·25전쟁이 한낱 시험을 위해 외워야 할 사건으로만 받아들여지는 실정이다. 태어날 때부터 자유를 누렸기 때문에 소중함을 알지 못하는 것이다.

돌아오는 길, 도로는 귀가 행렬로 역시 막혔다. 일주일 중 평일은 열심히 일하고 주말에는 개인의 취향과 목적에 따라 자유롭고 안전하게 휴식과 여유를 즐긴다. 이를 위해 대부분의 사람들은 주중의 노고를 감내해야 하며 교통 체증이라는 반갑지 않은 현상을 참아야 한다. 이처럼 단순한 사생활의 자유도 공짜는 없다. 하물며 한 국가의 자유와 평화를 지키는 일은 국가의 운명을 건 중대한 문제로 국민들은 희생정신과 책임감을 갖고 노력해야 할 것이다.

해외 동포들 특히 2세대들은 고국을 잘 알지 못한다. 따라서 1세대들은 먼저 우리의 글과 말을 가르치고 정기적으로 고국을 방문해 문화를 체험하게 하는 등 여러 방면으로 노력하고 있다. 거기에 한 가지 더, 브리즈번의 교민들이라면 한 번쯤 캐스케이드 공원에 들러 보길 권한다. 거기 대한민국 가평에서 온 가평

돌(石)이 있고 '영원히 잊지 않으리'라는 한글이 있으며 탑과 석등이 있다. 말하자면 한국의 자연 일부와 민족의 유형 문화가 한 곳에 모여 있는 셈이다. 그리고 무엇보다 우리의 자유를 수호하기 위해 젊음을 바친 참전 용사들의 거룩한 무형 정신이 숨쉬고 있다.

호수 같은 사람들

100가지 물고기 가운데 가장 뛰어난 맛이라 해서 수어(秀魚)라고도 불렸다는 숭어를 무와 함께 조렸다. 생선 조림은 언제라도 인기 있는 반찬이지만 특히 무맛이 최고조인 김장철과 겨우내 땅속에 저장한 무를 이용한 조림은 시원하면서도 달큰 했었다. 여름에 먹는 숭어 조림은 겨울 철 고향의 맛에 비교할 수는 없지만 유통과정을 거치지 않고 밥상에 올라왔기 때문에 싱싱해서 맛있게 밥 한 그릇을 비웠다. 이 특별한 생선을 방문자마다 골고루 나누어 준 사람은 골드 코스트(Gold Coast)에 살고 있는 문학회 회원으로 당신도 얻은 생선을 우리에게 나누어 준 것이다.

골드 코스트는 브리즈번의 남쪽 80㎞ 정도에 위치해 있는 세계적인 휴양 도시이다. 아름다운 해안선은 관광객들을 유혹하며 국제 규모의 각종 수상 스포츠 대회의 단골 개최지이기도 하다. 이 도시에 위치해 있는 빌딩 높이 337m의 Q1전망대에서 내려다보면 바다 물길 사이를 비집고 인간의 터전이 형성된 특이한 지형을 볼 수 있다. 끝없이 펼쳐진 하얀 모래밭과 푸른 물길에 나무들이 초록을 더하며 거기에 붉은 벽돌색의 집들이 점점이 박혀 있다. 바다와 육지가 자연과 문명이 멋진 조화를 이루고 있어 보는 이들로 하여금 감탄사를 자아내게 한다. 이 아름다운 곳에서 문학회 회원인 부부가 폭 200m쯤 되는 물길을 배경삼아 알콩달콩 살고 있다.

10여 년 전, 이곳 교민들 중 문학에 관심 있는 몇몇 사람들이 모여 '퀸스랜드 한인 문학회'라는 모임을 발족했다. 회원들은 차례를 정하여 한 달에 한 번씩 자신의 집을 모임 장소로 제공하며 글도 발표하고 친목을 도모하고 있다. 이민생활은 생각만큼 녹록치 않아 책을 읽고 글을 쓴다는 것이 쉬운 일이 아니다. 그러나 회원들은 소중한 우리의 언어로 희로애락을 엮으면서 십년이라는 시간을 동고동락하며 오늘에 이르렀다. 골드 코스트 자리 잡은 그 댁은 특별히 주변 환경이 아름답고 내외분이 사람 드나드는 것을 좋아해서 차례에 상관없이 누구든 편하게 자주 방문하곤 한다.

그 집을 방문하는 사람들은 뒷마당에 펼쳐진 물길을 강이라고 혹은 호수라고 부르는데 나는 한사코 호수라 부르길 고집한다. 언제가 19세기 미국 작가인 헨리 데이빗 소로우(Henry David Thoreau)가 자신이 잠시 살던 월든 호수를 배경으로 쓴 작품『월든』을 읽고 나서 호수 근처의 삶을 동경했었다. 그러나 21세기 현실은 큰 배짱과 결심 없이는 도시 문명을 등지고 전원생활을 선택한다는 것이 쉽지 않았다. 더군다나 호숫가 근처는 자연 경관이 뛰어나기 때문에 땅 값도 만만치 않아서 보통사람들로서는 꿈에서나 가능한 일이었다.

그러다가 뜻밖에 비교적 자연 환경이 잘 보존된 나라로 이민을 오게 되었다. 그리고 운 좋게 물가를 뒷마당 삼아 살고 있는 부부를 알게 되어 비록 내 집은 아니지만 주인의 배려로 편하게 드나들며 주변 풍경을 즐기게 되었다. 그러니 나로서는 그 물가를 강이라고 부르기보다는 오랜 동경의 대상이었던 호수라고 부르는 것은 당연한 일이다. 일종의 대리만족인 셈이다.

호수의 전체적인 모양은 반달 같이 둥글며 한쪽은 주택가와 접해 있고 호수 건너편에는 키 큰 나무들 사이로 넓은 운동장이 있다. 주택가 쪽으로는 수생식물인 갈대나 부들이 빽빽하고 앙증맞고 귀여운 노란 미나리아재비가 운치를 더한다. 물의 흐름은 바람 한 점 없이 잔잔하고 평화로운데 가만히 들여다보면 꿈틀거리는 것들이 많다.

조용한 호숫가에 사람들의 기척이 느껴지면 어느새 붉은 볏의 흑고니 떼가 날아와 일렬로 행진하는 장기를 보여준다. 물고기들은 비늘을 반짝이며 물 위로 뛰어오르고 검은 장어 떼들은 물살에 맞춰 춤을 춘다. 하루에 한 차례씩 주인 내외가 먹이를 주고 애틋하게 보살피기 때문에 호수에 사는 생물들은 사람에 대한 별다른 경계 없이 두루 행복하다. 이 행복한 동행은 자연을 사랑하는 부부의 각별한 노력 덕분인데 그들이 들려주는 '물고기 지키기'는 생각할수록 신기하고 멋지다. 이야기의 전말은 이렇다.

하루는 그 호수에서 낚시대회가 열렸다. 가끔 시(市)에서 생태계 조사차 그물질 하는 것을 몇 번 본 적은 있지만 대규모의 낚시대회는 처음이었다. 부부는 호숫가 주변으로 속속 모여드는 낚시꾼들을 바라보면서 물고기들이 걱정되었다. 그래서 즉흥적으로 생각해낸 것이 잔디 깎기였다.

예초기가 내는 소음은 충분히 낚시질을 방해했으며 물속 생물들에게는 경계경보 역할을 톡톡히 했다. 마침 휴일이어서 어떤 집은 수영장에서 환호성을 지르며 물놀이를 했고 어떤 집은 뚝딱거리며 뭔가를 수선해서 호수 근처는 소란스러워졌다.

주동자격인 부부가 되도록 호수 가까이에 기계 머리를 돌려 잔디를 깎고 있는 동안 흑고니 떼도 합류했다. 평소에는 무리를 지어 미끄러지듯 수면 위를 맴돌던 고니는 주변 소음 탓인지 푸드덕거리며 요란스럽게 날갯짓을 반복했다. 곳곳에서 자라도 출몰했다. 엉금엉금 자라가 호숫가로 기어오르자 낚시꾼들은 신기한 듯 반가운 인사를 했다. 이 분위기를 재빨리 감지한 물고기들은 낚시 바늘을 피하여 호수 한가운데로 꼭꼭 숨었음은 물론이다.

대회 장소가 주택가와 너무 가깝다는 것을 미처 생각지 못한 그들은 주변의 소음 때문에 그쯤에서 낚시질을 포기했다. 그리고 일부는 건너편 운동장으로 이동했고 나머지는 호수의 경관을 만끽하며 시간을 보냈다. 이로써 부부가 걱정했던 물고기의 피해를 최소화할 수 있었다.

이 이야기를 들은 회원들의 반응은 다양했다. 흑고니 떼의 행동과 자라의 출현이 우연의 일치라는 사람도 있고 환경이 어수선하니 동물들이 이상 행동을 할 수 밖에 없다는 필연론자도 있었다. 그러나 엉뚱한 생각을 자주하는 나는 감응(感應)이라는 단어를 떠올렸다. 부부의 지극한 정성에 호수 동물들이 감응하여 엮어낸 한 편의 감동적인 이야기로 들었다. 식물들도 아름다운 음악과 칭찬에 반응한다는 실험 결과를 읽은 적이 있는데 지능이 있는 동물들의 이와 같은 행동은 당연한 것이라 생각되었다.

최근 그 부부는 정원 모퉁이의 높낮이를 이용해 2평 남짓한 '갈대가 있는 호수'라는 카페를 만들었다. 자연을 사랑하는 사람이라면 누구든 환영이라는 주인장의 따뜻한 초대글과 함께 세상에서 가장 작을 법한 분위기 좋은 카페 사진이 카톡에 올라왔다. 첫 손님으로 우아한 펠리컨이 놀러왔고 변함없이 호수 식구들이 기웃거린다고 부부는 소탈하게 보고했다. 조만간 나도 그 특별한 카페에서 펠리컨과 흑고니를 만나고 싶다. 그리고 잠시나마 주인인 양 그 아름다운 분위기를 마음껏 즐기고 싶다. 문득 월든 호수를 예찬한 소로우의 글이 생각난다.

> 내가 월든 호수에 사는 것보다 신과 천국에 더 가까이 갈 수는 없다.

홈스테이(Home Stay) 인연

나는 알뜰하고 야무진 살림꾼은 아니지만 화단 가꾸기와 김치 담그기에 약간의 취미가 있어 어렵고 귀찮다는 생각 없이 즐겁게 이 일들을 한다. 이곳은 서리가 내릴 정도의 추위가 없기 때문에 한해살이인 고추가 다년생 나무처럼 굵어진다. 그리고 일년 내내 붉고 푸른 고추를 꽃처럼 가지마다 대롱대롱 매단다. 비싼 파를 대신하여 고명 역할을 톡톡히 하는 부추는 웬만큼 자라면 식탁에 올리고 계란껍질과 거름을 뿌리 근처에 묻어 놓으면 어느새 쑥쑥 올라와 야들야들한 윤기를 뽐낸다. 화단 한켠에 자라는 열무를 뽑고 고추를 따고 부추를 베어 김치를 담그는데 우리 집 김치담기의 일등 공신은 업소용처럼 듬직하고 튼튼한 2L 대용량 믹서기다.

우리 부엌의 보물 1호인 이 믹서기는 이민초기 김치 장사하는 나를 위해 우리 집에서 홈스테이(Home Stay)하던 학생 엄마가 선물한 것이다. 보통 믹서기는 몸체 부분이 투명한 유리나 플라스틱인데 우리 것은 스테인리스라서 보기에도 미덥다. 김치를 담글 때 주 양념인 고추, 마늘, 생강, 양파는 물론 여름철 시원한 콩국수 국물까지 무엇이든 넣어만 주면 제대로 갈아서 나의 일손을 도와주는 재주꾼이다. 김치를 담그기 위해 어지럽게 벌여놓은 양념과 용기들을 정리하고 뿌듯하게 김치통을 바라보며 선물의 주인공인 그녀를 생각한다.

그녀는 나보다 한 살 위이지만 50대 여인 같지 않게 긴 생머리에 늘씬한 몸매를 자랑하는 인정 많은 대한민국 아줌마다. 그녀의 외동아들이 고등학생 때 우리 집에서 홈스테이로 있게 되어 인연을 맺게 되었다. 18세 미만의 자녀들이 유학을 하게 되면 학생의 보호자는 호주 정부로부터 가디언 비자(Guardian Visa)를 취득하여 현지에서 학생과 함께 생활해야한다.

보통 가디언 비자 신청자는 부부 중 아내로 남편은 한국에서 경제 활동을 계속하고 아내는 자녀들과 함께 해외에 체류하는 이른바 기러기 부부가 되는 것이다. 그런데 여러 형편상 학생의 보호자가 가디언 비자를 신청할 수 없을 때 홈스테이(Home Stay) 제도를 이용한다. 홈스테이는 유학생이 현지 가정에 구성원이 되어 함께 생활하는 제도로 주인은 유학생의 현지 적응과 학교생활에 차질이 없도록 부모를 대신해 꼼꼼히 돌봐야 하는 의무가 있다.

유학생들은 홈스테이를 신청할 때 외국인 집을 선호하는 경우도 있고 우리 같은 교민 집에 머물기도 한다. 외국인 집일 경우 현지의 언어와 문화를 빠르게 배울 수 있는 장점이 있고 교민집의 경우 전체적인 분위기가 한국과 같기 때문에 낯선 환경에서 문화 충돌 없이 안전하게 정착할 수 있다는 장점이 있다. 나이 어린 유학생의 부모들은 교민 가정 홈스테이를 선호하기 때문에 이를 사업처럼 체계적으로 운영하는 교민들이 제법 되는 걸로 알고 있다. 아무튼 그녀는 사업상 여러 가지 일로 호주에 머물 형편이 못 되어 우리 집에 외아들을 맡겼다.

이민 초기, 좀 불편하더라도 어차피 아들들만 있는 우리 집에 아들 하나 더 생겼다는 기분으로 그 학생을 반갑게 맞아 들였고 나는 숙식 제공과 빨래를 해주고 용돈 벌이를 할 수 있었다. 사실, 어디로 튈지 모르는 사춘기의 남학생을 맡는다는 것은 쉽지 않은 선택이었다. 그럼에도 불구하고 그 학생을 흔쾌히 맞아들인 가장 큰 이유는 우리도 한때 유학생의 부모였기 때문에 그 마음을 잘 헤아릴 수 있어서였다. 학생의 친부모와는 비교할 수 없지만 자식 가진 부모의 심정은 모두 비슷해서 정서적으로 서로 믿고 의지하면서 특별한 관계를 유지했었다.

그녀는 일 년에 서너 번씩 우리 집에 살고 있는 외아들을 만나러 호주에 왔다. 한번 방문하면 짧게는 일주일, 길게는 이주일 정도 시내에 숙소를 정하여 아들과 함께 머물곤 했다. 아들이 학교에 가고 없는 동안 그녀는 나와 시내를 쏘다니거나 근사한 맛 집으로 나를 초대하여 메마른 내 감성에 활력을 보탰다.

해외 경험이 많은 그녀는 정작 이곳에 터를 잡고 사는 나보다 해외 실정에 더 밝아 알뜰하고 실속 있게 때론 우아하게 며칠을 보냈다. 그리고 저녁이나 주말에는 금쪽같은 아들과 함께 모자지간의 정을 돈독히 하고 곳곳에 그녀의 자취와 향기를 남기고 한국으로 돌아갔다.

그녀는 사회사업에 관여하는 사람으로 본능적으로 남의 어려움을 눈여겨볼 줄 아는 따스한 정이 있는 사람이었다. 한글로 쓰인 것은 무엇이든 가리지 않고 읽어대는 나를 위해 방문 때마다 신간 도서를 선물하고 비행기 안의 신문까지 종류 별로 알뜰하게 챙겨오는 사려 깊은 사람이었다. 그 당시, 우리는 시간이나 정보 부족으로 뭔가 약간 부족한 삶을 살았었다. 그녀는 머무는 동안 말없이 우리의 살림을 관찰하고 다음번 방문에는 꼭 요긴하게 쓰일 만한 위문품(?)들을 가져오는 우리 생활의 보조자 역할을 자처했다. 그녀가 준비해 온 양말, 속옷, 화장품, 운동화 같은 물건은 촌티를 벗게 했고 젓갈류, 나물류, 건어물 등은 입맛을 돋우기에 충분했다. 손이 큰 그녀의 과분한 선물에 비해 내가 할 수 있는 일은 체류하는 동안 먹을 수 있는 김치와 몇 잔의 커피 그리고 말동무 역할이었다.

한번은 우리 집에 와서 김치 담그는 모습을 보더니 김치 양에 비해 믹서기가 작다고 느꼈던지 귀국하자마자 국제 우편으로 크고 튼튼한 이 믹서기를 선물한 것이다. 이 기계 덕분에 그 많은 김치를 수월하게 담글 수 있었던 것은 물론이며 난 그녀에게 받은 도움을 김치로 베풀며 살고자 노력하였다. 이처럼 그녀는 아들이 브리즈번에 머무는 동안 피붙이처럼 알뜰하게 우리의 살림을 돌봤다.

고등학교를 졸업한 후 그녀의 아들은 멜버른(Melbourne)에 있는 대학에 진학했고 이제 그녀는 브리즈번 대신 멜버른을 오간다. 그런데 한국에서 멜버른까지는 직항이 없기 때문에 부득이하게 시드니나 브리즈번을 경유해서 아들을 방문하거나 귀국을 해야만 한다. 그러나 그런 번거로움도 불편하게 생각지 않고 브리즈번에 오면 꼭 나를 만나러 온다. 그리고 쌓였던 한국 소식과 멜버른 소식을 자세히 들려준다.

올 추석에는 혼자가 아닌 남편과 함께 멜버른을 방문한다고 들떠 했다. 만약 그녀가 남편과 함께 브리즈번을 다시 찾게 된다면 나는 시원한 열무김치와 송편을 준비할 것이다. 그리고 우리가 즐겨 찾던 노천카페에서 수다를 즐기고 손이 예쁜 그녀에게 어울릴 만한 멋진 식사를 대접할 작정이다.

2.

호주에서 터 잡기

가까이 하기엔 너무 먼 영어

- TAFE에서

조용하던 동네에 갑자기 활기가 넘친다. 크리스마스와 신정 연휴가 겹치니 긴 휴가를 이용하여 타지에 살던 자식들이 부모님을 뵈려고 속속 도착한다. 자식들을 마중하고 손주들을 번쩍 안아 올리는 노인들의 모습이 우리네 명절 풍경처럼 익숙하고 정겹다. 손님이 많지 않은 우리들은 긴 연휴를 이용하여 가까운 곳에 소풍도 다녀오고 밀린 집안일도 하면서 여유를 즐기고 있었다. 그런데 집 앞에 낯선 차가 섰다. '누굴까?' 순간 나는 눈을 의심했다. 이사 오기 전 옆집에 살았던 꼬마 숙녀 아나카(Anaka)가 엄마와 함께 우리 집에 온 것이다.

이사 하던 날, 아나카 엄마에게 새 집 주소를 가르쳐 주었더니 휴가를 이용해서 방문한 것이다. 더군다나 내년부터 아나카는 만 5세로 예비 초등 과정인 프랩(Preparatory)을 다녀야하기 때문에 아무래도 시간내기가 어려우니까 이 기간을 이용해서 왔다고 했다. 참고로 이곳의 초등교육은 만 5세 프랩을 시작으로 만 6세에는 1학년이 되고 11세까지 7년 동안 이루어진다. 다만 프랩 과정은 의무교육은 아니지만 호주 가정의 5세 아이들 80%가 프랩에 참여한다고 한다. 아나카는 태어난 지 6개월부터 소규모 차일드 케어(Child Care)를 전전하더니 드디어 교복 입는 정규 학생이 되는 것이다.

폴짝 차에서 뛰어내린 귀여운 꼬마는 우리 부부를 보고 어제 만났다 헤어진 사이처럼 반갑게 인사를 한다. 그러더니 먼저 앞장서서 익숙하게 대문을 열고 순례를 하듯 화단을 한 바퀴 빙 돌아보고 꽃이 예쁘다고 종알거린다. 이 꼬마가 걸을 수 있고 나름 사물에 관심을 갖기 시작하면서부터 우리는 주변의 꽃을 이용하여 팔찌와 목걸이 같은 장신구들을 만들면서 시간을 보냈으니 공동 관심사가 당연히 꽃이 된 것이다.

반가운 마음은 잠깐, 우리 집을 방문한 손님이니 차라도 한 잔 대접하고 흥미 있는 화젯거리도 제공하는 것이 손님 접대의 기본인데 땀부터 난다. 생각 끝에 아나카에게 최근 친구 관계를 물었더니 천천히 손가락을 꼽아가면서 이름과 특징들을 이야기 하는데 나의 이해를 돕기 위해 최대한 제스처를 많이 쓴다. 마치 청각 장애인과 수화를 하는 것처럼. 이 꼬마가 보기에 아직도 내 영어 수준이 정상적인 대화가 어렵다고 느꼈음이 분명했다. 하긴 모국어인 한국말도 적절한 단어가 떠오르지 않아 매끄러운 대화가 어려울 때가 종종 있는데 하물며 외국어로 꼬마와 대화한다는 것이 쉬운 일은 아니다. 천천히 자신의 친구들에 대해 설명하는 아나카의 앙증맞은 입을 바라보며 문득 내가 호주에 처음 왔을 때의 어떤 각오와 결심이 생각났다.

이 아이가 태어났을 때, 나는 호주에 온 지 6개월쯤 되었었다. 당시 아이의 엄마는 미혼이었는데 한동안 보이지 않다가 어느 날 예쁜 여자아이를 안고 우리 앞에 나타났다. 강보에 싸인 아이를 반갑게 받아 안으면서 이 아이가 자라면 훌륭한 말동무가 될 수 있도록 열심히 영어를 배워야겠다고 결심했었다. 그런데 그 후, 무려 5년이라는 시간이 지났는데도 영어는 여전히 가까이 하기엔 너무 먼 존재라는 것을 실감한다.

우리말을 아주 사랑해서 행복했던 나는 호주에서 공부하는 두 아들을 만나려고 잠깐 들렀다가 뜻밖에 이곳에 거주하고 있던 남편 대학 친구를 만났다. 당시 남편은 실직 상태여서 친구의 조언을 듣고 나에게 이민을 제안했다. 아이들과 함께 살 수 있게 되니 한편으로는 반갑기도 했지만 늙으신 부모님 걱정과 영어에 대한 두려움 때문에 선뜻 결정이 어려웠다. 그러나 결정적으로 100세 시대에 50을 갓 넘긴 남편은 이미 퇴직 상태였고 아이들 졸업은 아직 멀어서 당장 우리는 일을 해야만 했다. 마땅한 일자리만 있다면 영어의 두려움 정도는 문제가 될 수 없는 긴박한 상황이었다.

이민을 결정하게 되자 일은 일사천리로 진행되었다. 다행히 이민의 자격 요건 중, 비즈니스 비자(Business Visa)가 남편의 경력으로 가능하다고 현지 변호사로부터 연락이 왔다. 이 비자가 우리에게 알맞은 또 한 가지 이유는 이민을 위한 필수 조건인 영어 점수가 당장 없어도 된다는 것이었다. 다만 호주에 체류하면서 정부가 지정한 교육기관에서 510시간의 교육 과정만 이수하면 시험 없이 통과되는 것이었다.

호주에 도착한 후, 남편과 나는 지정된 교육기관에 입학하기 위해 소정의 테스트를 받았다. 테스트 결과, 숫자 읽기에 약한 나는 초급반으로 남편은 나보다 한 단계 높은 반에 배정되었다. 그런데 부부가 같은 반이어야 함께 움직이기가 쉽기 때문에 부득이 남편은 내가 속해 있는 초급반을 자원했다.

우리가 호주에서 처음 영어를 배운 곳은 테잎(TAFE)이라는 2년제 기술학교로 정부에서 운영하는 교육기관이었다. 이곳은 어학교육 이외에도 조경이나 요리, 치기공, 간호학 등이 개설되어 있어 세계 여러 나라의 젊은 친구들과 함께 학교생활을 했다. 우리 영어 학습반은 20여 명이 한 반으로 우리 부부 이외에 한국인이 한 명 더 있었고 나머지는 모두 외국인이어서 배운 영어를 사용하기에는 더할 나위 없이 좋은 환경이었다.

아침 8시부터 시작한 수업은 오후 3시에 끝났는데 중학교부터 의무적으로 배운 한국인의 영어실력은 읽기나 쓰기에는 탁월했다. 그러나 말하기나 듣기는 소말리아나 기타 아랍권에서 온 친구들보다 못했다. 특히, 나는 언어에 대한 기대치가 터무니없이 높았는데 현실 상황이 그렇지 못하자 자존감이 크게 떨어져 한동안 입을 닫고 말을 잘 하지 않았다.

호주의 교육산업은 관광, 천연자원 개발 산업과 더불어 3대 주 수입원인 만큼 교육과정이 꽤 체계적이었다. 철저한 출석 관리는 물론 성실한 담임과 보조 선생이 있어 발음 교정과 매일 제출하는 과제를 꼼꼼히 첨삭해 주었다. 우리들의 수업은 실제 생활에 꼭 필요한 회화 위주로 예를 들면 도서관 출입증 만들기, 운전면허증 신청하기, 병원 예약하기, 시장 보기 등으로 진행되었다. 이론 수업이 끝나면 항상 실제 상황을 재연하면서 그날의 수업을 마무리했다.

나는 이민 오기 전에 이주민 여성들에게 한국어를 가르쳤었다. 그래서 외국인을 위한 한국어 교육 과정의 전반적인 커리큘럼을 알고 있었고 실제 현장에서 일을 했기 때문에 교수법에도 관심이 많았다. 다만 가르치는 입장에서 배우는 입장으로 처지만 달라졌을 뿐이었다. 두 나라의 초급반 커리큘럼은 비슷했는데 배우는 입장에서 특히 인상적이었던 것은 '호주 제대로 알기'에 전반적으로 많은 시간을 할애한다는 것이었다.

호주 역사 알기나 국기 그리기, 국가(國歌) 배우기 등은 유치원생 수준의 학습이었음에도 불구하고 제대로 배웠기 때문에 지금까지 잊지 않고 있는 유익한 경험이다. 아무튼 그 당시에는 집만 나서면 영어에 노출된 상황이니 점차 자신감이 생겨 외국인 친구들도 많이 사귀게 되었다. 거기 모인 외국인 친구들과 교유하면서 고유명사는 물론 어쭙잖게 추상명사까지 동원하며 우정을 이어갔다.

지금 생각해보면 그 기간은 마치 우리의 초등학교 시절처럼 순수했다. 모국에서의 각자 학력과 경력이 어떻든 간에 제 2의 나라에서 처음 받는 교육이라 그러했고 말하고 듣는 것 자체가 쉽지 않기 때문에 자신의 의견을 말할 때에는 가급적 3형식 문장으로 중학교 저학년 수준의 초급 단어를 사용했다. 특히 모두 이민자들이었기 때문에 서로 도우려고 애쓰는 마음 씀씀이가 또한 그러했다. 이민 온 지 10여 년이 지났어도 외국인을 기피하면서 끼리끼리 웅성대는 무리를 볼 때마다 우리는 절대로 도태되지 말자고 각오를 단단히 했던 그야말로 향학열이 불타올라 꿈도 영어로 꾸던 시기였다. 그러나 오늘 아나카의 방문으로 내 수준을 점검할 수 있었고 부끄러워 쥐구멍에라도 숨고 싶은 심정으로 영어에 대해 다시 또 생각하게 되었다.

'언제쯤이면 상대방에게 손짓 발짓을 하지 않아도 될 만큼 내 귀와 입이 열릴까?' 모국어가 아닌 언어를 유창하게 한다는 것은 정말 쉽지 않은 일이다. 그래도 포기하지 말고 열심히 노력해서 내년 이맘때쯤, "인희, 그레이트(Great)!"라며 과장되게 놀라는 그녀의 깜찍한 모습을 그려본다.

- Tuter(과외 선생님)와 함께

TAFE(공립기술전문학교)의 영어 과정이 끝날 무렵, 나는 영어 배우기에 열을 올렸다. 마침 일터에서 만난 친절한 호주인 친구도 있었고 무엇보다 생업을 유지하기 위해서도 영어가 절실했다. 신문과 라디오를 열심히 읽고 들었지만 어휘 수준이 높을 뿐만 아니라 화제의 배경지식이 없으면 도대체 무슨 소리인지 알 수가 없어 고민 끝에 튜터(Tuter)의 도움, 즉 개인 과외를 받기로 했다.

이곳은 우리처럼 영어로 대화가 곤란한 사람들이 많기 때문에 조금만 관심을 갖고 보면 무료로 영어를 배울 수 있는 곳이 많다. 학생들이 자원봉사로 가르치는 곳도 있고 커뮤니티 센터나 종교 단체에서 영어 반을 개설하여 운영하기도 한다. 그런데 막상 열의를 갖고 수소문하여 찾아가 보면 매일 일해야 하는 내가 편하게 배울 만한 곳은 없었다. 그룹으로 공부하기를 포기한 나는 약간의 수업료를 지불하더라도 내 시간에 맞춰 공부할 수 있는 과외를 선택했다. 학창 시절에도 받아본 적이 없는 과외를 뒤늦게 단지 영어 때문에 시간과 돈을 투자해야 할 형편이 된 것이다.

나는 우선 모국어가 영어이며 50대 후반의 여성으로 같은 동네에 사는 사람이면 좋겠다는 조건을 명시하고 간단한 나의 소개를 첨부하여 인근 상가 게시판에 광고문을 붙였다. 시내에서 멀지 않은 동네 거주자이면서 50대 후반의 여성이면 시간과 경제적으로 여유가 있을 것이라는 생각에서였다. 그리고 같은 여성으로서의 공통점과 문화 차이로 인한 생각의 차이점을 알고 싶었다. 게시판에는 나의 구인광고 이외에 게라지 세일이나 렌트(Rent)한 집을 함께 사용할 사람들을 구한다는 광고가 빼곡했다. 심지어 애완동물을 찾는다는 광고도 있었다. 난 광고의 효과보다는 개인 정보가 너무 노출되는 것 같아 걱정했는데 우리 아이들은 게시판을 이용하는 것이 효율적이라며 강력히 추천했다.

그리고 한 시간이 지난 후, 연락이 왔다. 그룹 과외의 경우 시간 당 보통 $16을 지불하는데 나의 경우 $20을 지불하겠다고 했더니 여러 군데에서 연락이 왔다. 그중에 한 분을 아이들과 함께 면접형식을 거쳐 드디어 나는 60대 동네 아줌마를 튜터로 맞이할 수 있게 되었다. 사실 그녀는 자녀 이외에 누구를 가르쳐본 적이 없기 때문에 그럴듯한 수업 계획안은 없었다. 그래도 우리가 그녀를 택한 이유는 용모가 부드러우며 호주의 여러 군데에서 생활했기 때문에 풍부한 경험담을 들을 수 있겠다는 기대감 때문이었다.

우리는 일주일에 두 번씩 만났으며 한 번 만날 때마다 두 시간씩 수업을 했다. 수업 진행은 전적으로 나의 궁금증을 해소하는 방식이었다. 함께 도서관에 가서 이용 카드를 만들어 열심히 책도 빌려보고 쇼핑도 하고 집에서 요리도 하는 등 이곳 보통 주부들의 삶에 한 발짝 다가갈 수 있었다. 특별히 그녀와 함께

하면 각 부문별 트랜드(Trend)를 알 수 있어 좋았다.

예를 들어 도서관에서 동화책을 빌릴 경우 나는 고전 위주로 선정하는데 비해 그녀는 현재 이 나라에서 활동하는 동화 작가들의 책을 권유했다. 그녀가 권한 동화책들의 등장인물은 호주의 보통 아이들과 동식물로 현재 진행형이기 때문에 훨씬 흥미로웠으며 문화를 이해하는데 큰 도움이 되었다. 또한 쇼핑을 할 때도 품목당 많은 전문 브랜드들이 경합을 벌이는데 외국인인 나는 브랜드의 특성을 잘 알지 못하기 때문에 우선 가격이 비싸야 품질도 좋다는 생각을 갖고 물건을 샀다. 그럴 때마다 그녀는 각 브랜드의 장단점을 일일이 비교하고 설명하는 수고를 아끼지 않았다.

특히, 나는 식탁에 올릴 만한 먹거리에 관심이 많았는데 그녀는 해산물부터 채소의 쓰임새를 성심 성의껏 가르쳐 주었다. 집에서 공부할 때의 두 시간은 그런 대로 시간이 적당했는데 현장에 나가게 되면 시간이 턱없이 부족해서 그때그때 커피나 간단한 스낵 값을 지불하는 것으로 고마움을 대신했다.

그녀가 호주의 전반적인 문화와 살림살이를 나에게 가르치는 동안 나 또한 한국의 문화전반에 관한 것들을 가르쳐 주었다. 그녀는 호주와는 다른 한국의 긴 역사와 남, 북의 냉전 상태에 대해 관심이 많았다. 나는 우리 것에 관심을 갖는 그녀의 배려가 고마워 열심히 공부해서 그녀의 궁금증을 조금이나마 해소시켰다. 그리고 역시 주부였기 때문에 우리 음식에 관심이 많았는데 나중에는 잔치국수나 불고기, 김치, 잡채의 열렬 팬이 되었다. 그렇게 서서히 환경에 적응될 무렵 한 가지 곤란한 부분이 있었는데 그것은 그녀가 너무 가난하다는 사실이었다.

튜터는 딸 하나를 데리고 이혼해서 혼자 살았는데 집도 없이 방 한 칸 빌려서 살 정도로 대단히 생활이 어려웠다. 조그만 회사에서 일을 하고는 있지만 시간당 수입이 많은 편이 아니었고 더군다나 나이도 많고 체력이 약해서 많은 시간 일을 할 수가 없었다. 난 형편이 곤란하다는 것을 눈치 채고 음식을 할 때 조금 넉넉히 해서 함께 나누는 등 나름대로 그녀를 도왔지만 별 도움이 되지 못했다. 결정적으로 한 달 치 방세를 빌려준 적이 있었는데 그녀는 제때에 갚지 못해서 미안하다는 몇 번의 연락이 있은 후 자취를 감추었다.

잃어버린 돈도 물론 아까웠지만 막 불을 지핀 영어에 대한 열정이 사그라질 것 같아 몹시 안타까웠다. 다시 튜터를 구할까도 생각했지만 그 사건 이후로는 사람에 대한 믿음이 예전 같지 않았고 더군다나 일도 많아져서 도무지 여유가 없었다. 그래도 영어 배우기를 게을리 하면 시간이 지나도 마냥 제자리일 것 같아 TV를 다시 사고 남편과는 가급적 영어로 대화하자고 애들처럼 손가락까지 걸면서 약속했다. 약속은 했으나 어찌된 일인지 그 이후 둘 사이 대화가 끊겼다. 사실 할 이야기는 많았지만 모국어로 말하면 헛 약속이 되는 것이고 영어로 하자니 표현의 한계에 부딪혀 차라리 입을 다무는 웃지 못할 상황이 벌어진 것이다. 대화가 예전 같지 않은 우리를 보고 아이들은 영문도 모르는 채 무슨 일이 있었냐고 궁금해 했다.

결국 영어로 대화하기는 일주일을 못 버티고 수포로 돌아갔고 백화점이나 대형마트의 광고물을 공부하듯이 읽고 TV를 열심히 보는 걸로 만족하고 있다. 다행히 TV는 자막 기능이 있어서 잘 못 듣고 놓치는 부분에 대해 이해를 돕는다. 콩나물시루에 매일 일정한 량의 물을 주면 물은 당장 밑으로 빠져 내려가 콩나물 키우기에 아무런 도움이 없는 듯 보인다. 하지만 반복되는 물로 인해 어느새 콩나물은 수북이 자란다. 이처럼 영어도 당장은 진척이 없는 것처럼 보이지만 꾸준히 노력하면 언젠가 잘 할 수 있을 거라는 희망을 갖고 오늘도 우리는 영어의 바다에서 '프리즈(please)와 파든(Parden)'을 외치며 허우적거리고 있다.

생활의 기틀을 마련하다

- 탐색기

큰아들 가게가 네 번째 이사를 했다. 큰애는 식당이나 커피숍 등에 일회용품을 납품하는 사업을 하기 때문에 반드시 창고가 필요하다. 생각 같아서는 사무실과 창고가 좀 넓고 상가가 밀집되어 있는 곳에 터를 잡으면 좋은데 그런 조건을 충족시킬만한 장소는 임대료가 비쌌다. 그래서 불편하나마 형편에 맞춰 그럭저럭 버티고 있던 중이었는데 마침 잘 아는 분이 넓은 사무실을 얻으면서 함께 사용할 것을 제안했다. 그렇게 되면 서로 임대료 부담이 적어지니 남편과 큰아이는 반가운 마음으로 이사를 결정했다. 두 사람은 새로운 사무실을 오가며 한 평이라도 넓게 사용하기 위해 줄자를 들고 다니거나 책상에 앉아 어설프게 설계도를 그리기도 했다.

텅 빈 공간에 조립식 랙(Rack)과 선반들이 준비되었고 주변 분들의 몇 차례 도움으로 구조물들이 완성되었다. 랙과 랙 사이에 전동차가 다닐 수 있는 길이 생기고 높낮이를 조절하여 진열대도 만들었다. 서너 차례 쇼핑센터를 오가더니 드디어 작은 사무실과 부엌까지 갖춘 아담한 일터가 완성되었다. 직원들과 그들의 친구들까지 동원된 이사는 장장 두 달이 넘게 소요된 큰 행사였다.

이사가 진행되는 동안에는 딱히 내 도움이 필요치 않은 것 같아서 방관했으나 입주식만큼은 정성들여 준비하고 싶었다. 그러나 직원들의 누적된 피로와 바쁜 회사일로 계획했던 행사는 흐지부지 넘어갔다. 비록 번듯한 간판은 없지만 1~2층 진열대를 꽉 채운 물건을 바라보며 부디 이 터전에서 관련자 모두의 소망이 성취될 수 있기를 간절히 기원했다.

이민의 방법은 신청자의 나이, 경험, 자산 정도 등에 따라 다양한데 우리의 경우 163비자(일명 사업비자)를 취득해서 호주에 도착했다. 163비자 소지자는 4년 동안 이곳에 거주할 수 있는 자격이 주어지며 그 기간 중 2년 동안은 반드시 사업체를 운영하여 연 매출 20만 호주달러(한화 약 2억)를 달성해야 한다. 2년 후, 이 요건이 충족되면 호주정부에서는 기타 자격 여건을 심사하여 임시 비자 소지자들의 최종목표인 영주권(Australian Permanent Resident)을 부여한다.

영주권을 취득하면 자녀의 학비 혜택은 물론 의료 서비스와 각종 복지 혜택을 받을 수 있어서 비교적 안정적인 생활을 유지할 수 있게 된다. 그런데 문제는 사업경험이 전혀 없는 우리 부부가 년 매출 2억을 목표로 사업을 해야 한다는 것이었다. 2억이란 금액은 몇 천 만원의 연봉을 받았던 우리에겐 입이 딱 벌어질 만큼의 공포스러운 숫자였다. 게다가 우리는 사업경험이 없었고 영어를 잘 못하며 사업자금 또한 충분치 못한 상황이었다. 당시 우리의 자산이라면 건강과 성실 그리고 영어가 가능한 두 아들과 호주에서 직장생활을 하고 있는 친정 막내 남동생뿐이었다.

입국 초부터 사업에 대한 압박감은 우리를 초조하게 만들었다. 마침 시내의 유명 건물 안에 있는 샐러드 가게가 임대료는 비쌌지만 매매가가 저렴해서 운영하기로 마음을 굳혔다. 샐러드는 한국음식처럼 맛내기가 까다롭지 않아 초보자도 가능하다고 가게 주인은 결정을 부추겼다.

계약서는 양쪽 변호사들이 작성하고 우리는 사인만 했다. 이곳의 변호사들은 늘 가까이서 법에 문외한인 의뢰인을 대신해 서류를 검토하고 불이익을 당하지 않도록 돕는 역할을 한다. 변호사 고용으로 한결 마음이 가벼워진 우리는 인수인계를 서둘렀는데 문제는 건물주의 승낙여부였다. 이곳 건물 주인의 권한은 막강하다. 새로운 점주(店主)의 경영이나 재무능력 등이 맘에 들지 않으면 비록 당사자 간의 매매계약이 체결됐다하더라도 백지

화할 수 있다. 깐깐하다고 소문난 건물 주인은 우리에게 '가게 활성화 방안'을 요구했다. 큰 사업체도 아니고 서너 평짜리 샐러드 가게 운영에 그와 같은 복잡한 서류를 요구하는 얼굴 없는 건물주가 몹시 원망스러웠다. 심지어 인종 차별이라고 생각했다.

그러나 한편으론 새로운 점주에게 혹시라도 생길 손실을 우려한 건물주의 배려일 것이라고 이해했다. 그래서 기꺼이 머리를 맞대고 묘책을 마련하여 서류를 제출했지만 결국, 입점을 거절당했다. 시작부터 일이 꼬이게 되니 당시에는 좌절감이 컸었다. 그런데 그 후 그 가게는 돈 있는 중국인이 운영하였으나 결국 1년을 버티지 못하고 문을 닫고 말았다. 문제는 그 건물 자체가 주변 상권에 밀리기 시작했기 때문인데 건물주는 능력 있는 적임자를 찾아 가게 분위기를 만회해보려고 노력한 것이었다. 어쨌든 우리는 입점을 거절당했기 때문에 손실을 피할 수 있었다.

지금 곰곰이 생각해 보면 그 깐깐했던 건물 주인이 감사하기까지 하다. 한국의 경우, 개업을 염두에 두고 시장조사를 하게 되면 기존의 가게 주인들은 온갖 사탕발림으로 신규 사업자를 꼬드기는 경우가 많다. 또한 건물 주인은 사업자의 성공여부에 대한 관심보다는 월세만 꼬박꼬박 챙기면 된다는 생각을 갖고 있는 사람들이 많은 것 같다. 그래서 집 팔고 퇴직금 털어 개업했다가 1~2년 만에 폐업신고하는 불행한 가장이 많다고 들었다.

이에 비해 이곳의 개업은 비교적 투명하다. 사업체를 매매하게 될 경우 매도자와 매수자는 반드시 변호사를 선임한다. 혹시

모를 불상사를 원천적으로 차단하기 위한 것이다. 감정의 개입 없이 법 테두리 안에서 일이 성사되기 때문에 뒤탈이 거의 없다. 그리고 매도자는 반드시 최근 3개월 치의 매출 장부를 매수자에게 제시해야 한다. 터무니없이 매출을 부풀리는 사태는 사전에 차단된다. 물론 이 과정에서 매도자의 악의적인 변칙이 있을 수 있지만 지극히 예외적이며 계약이 정상적으로 진행되면 최종적으로 건물주의 승인을 받는 것이다.

우리는 이곳의 사업체 인수인계 과정이 법적으로 여러 가지 안전장치가 있다는 것을 알게 되면서 사업 운영에 관한 막연한 불안감을 다소 해소할 수 있었다. 문제는 다음 기회를 잡기 전까지 임시라도 각자 뭔가 경제 활동을 해야만 한다는 것이었다. 다행히 큰아이는 패스트 푸드(Fast food)점에서 일자릴 얻을 수 있었고 독립적이고 창의적인 작은아이는 두 가지 일을 병행하는 능력을 보여주었다. 우리 부부 역시 여기저기 이력서를 넣고 일자리를 알아보다가 청소업이 괜찮다는 주변의 권유로 그 일을 시작했다.

아이들의 적극적인 경제 활동으로 그나마 생활은 안정되었지만 마음은 편치 않았다. 유학한 큰아들의 첫 직장이 넥타이 매고 출근하는 번듯한 사무실이 아닌 패스트 푸드점이라는 것이 기가 막혔다. 또한 한창 공부와 낭만을 즐겨야 할 둘째 아들이 서너 가지 일에 매달려 시간에 쫓기고 피폐해지는 것이 가슴 아팠다. 그리고 작은 체구에 자신의 상반신만한 청소기를 등에 메고 동분서주하는 남편이 안쓰러웠다. 해외 유학과 이민의 실체가 이토록 고달프고 불안한 삶이라는 것을 뒤늦게 깨달은 내 자신에게도 동정이 갔다.

문득문득 우리의 현실이 너무도 불행하다고 생각했고 그런 생각은 또 다른 부정적인 생각을 낳아서 상대방을 비난하며 상처를 주었다. 그러다가 다시 이성을 찾고 각오를 다지며 당장의 시련을 견뎌냈었다. 날마다 조금씩 무너지고 조금씩 단단해지며 우리는 그 시절을 살아냈다. 그때 큰아들은 스무 살이었고 작은 아들은 열아홉 살이었다.

- 드디어 사업을 시작하다

이민 사회에서 떠도는 이야기 중 하나가 이민생활의 성패여부는 초기 주머니 사정과 반비례한다는 말이다. 주머니가 두둑하면 그것을 믿기 때문에 일을 가려서 하게 되고 그렇게 몇 년 버티다 보면 빈 주머니가 될 확률이 높다는 것이다. 반면 초기 자본이 탄탄치 않은 사람은 벼랑 끝에 몰린 심정으로 열심히 일하기 때문에 오히려 성공해서 빨리 기반을 잡는다고 한다. 자신의 처지가 벼랑 끝이라고 인식하면 알 수 없는 에너지가 생겨 위기를 극복하는 것 같다.

당시 우리의 상황도 그랬다. 한국에 남아 있던 약간의 부동산은 가격 폭락으로 매매가 불가능했고 남편의 소중한 퇴직금은 어리석은 투자로 한 순간에 날아가서 빚만 남은 최악의 상황이었다. 그나마 다행이었던 것은 가족 구성원 모두가 벼랑 끝인 현실을 제대로 알고 있었고 반드시 극복해야 한다는 굳은 의지가 있었다.

비록 입점에는 실패했지만 이곳의 개업 절차를 알게 되면서 막연한 불안감은 다소 누그러졌다. 그리고 각자 열심히 일하면서 틈틈이 정보를 찾고 주변의 조언에 귀를 기울였다. 우리가 사업비자 소지자라는 것을 알고 있는 몇몇 사람들은 동업을 제안하기도 했다. 밑천이 든든치 못했던 우리로서는 귀가 솔깃하기도 했지만 이곳 사정을 잘 아는 남편 친구와 남동생의 만류로 선뜻 나서지 못하고 분위기만 주시했다. 눈 감으면 사업에 실패해서 귀국 짐을 꾸리거나 중요한 서류를 잃어버리는 황당한 꿈들만 오락가락했던 힘든 시기였다.

그러던 어느 날, 청소용품을 사러 갔다가 그곳의 젊은 두 사장으로부터 사업 아이템을 제공받았다. 그들은 이곳에서 학교를 다녔고 경험도 많았으며 모범적으로 사업을 운영하는 사람들이라서 믿음이 갔다. 그들이 설명해 준 아이템은 음식점에 일회용품을 납품하는 배달 서비스업이었다. 이곳은 직장과 학교에서 급식을 하지 않기 때문에 각자 도시락을 준비해야한다. 가정에서 도시락을 준비하지 못할 경우에는 근처 음식점을 이용하는데 이때 음식을 담을 일회용 용기가 필요한 것이다.

사업 아이템의 배경 설명을 들은 우리는 일단 경험 없는 요식업이 아니라서 구미는 당겼지만 배송수단인 차량과 물건을 보관할 수 있는 창고, 그리고 수요처를 확보해야 한다는 어려움에 고개를 절레절레 저었다. 어찌 보면 요식업보다 시작하기가 더 어려운 사업이라고 생각되었다. 그러나 정작 결정의 걸림돌이 된 것은 외부적 요인이 아니라 그들을 믿지 못한 마음 때문이었다. 우리를 어떻게 알고 이런 제안을 했을까? 사업하는 사람들이 돈 될 만한 아이템을 남에게 공개할 수 있을까? 등등 그들의 착한 제안에 우리 부부는 부끄럽게도 의심만 했다.

며칠 후, 우리는 그들을 다시 만나서 제안은 좋지만 실행할 수 없는 상황을 설명했다.

"그럼 할 수 없죠."라는 대답이 올 줄 알았는데 뜻밖에 우리에게 의지만 있다면 기타 외부적인 것들은 자신들이 좀 돕겠다고 말했다. 순간 반가움보다는 두려움이 컸다. 그도 그럴 것이 이민사회에서 가장 경계해야 할 것이 동포(同胞)라는 서글픈 불문율이 있기 때문이었다. 해외에서 만나는 동포는 서로 몇 가지 공통점만 있으면 친척처럼 지내는 경우가 많다. 서로 외롭기 때문에 쉽게 마음을 열고 가까이 지내다보면 금전관계가 얽히게 되고 근거 없는 소문도 생겨난다. 그래서 이민 선배들은 친할수록 적당한 거리를 유지하라고 늘 조언하는데 잘 알지도 못하는 젊은이들이 선뜻 우리의 사업을 돕겠다고 이야기하니 진퇴양난이었다.

우리 부부의 쓸데없는 걱정과는 달리 아이들은 긍정적이었다.

도움을 받을 수 있으면 받고 형편이 좋아지면 받은 만큼 돌려주면 된다고 시쳇말로 쿨(Cool)하게 결론지었다. 우리의 생각이 정리되자 일은 일사천리로 진행되었다. 초기 구매 비용은 어렵게 해결하였는데 문제는 창고와 배달차량이었다.

당시 우리는 신분이 불확실한 외국인이었기 때문에 창고임대와 차량할부가 어려웠다. 호주는 대표적인 다문화 국가로 외국인에게도 차별 없이 기회가 주어지는 열린사회이다. 그러나 그 차별 없는 기회는 반드시 영주권이 있는 사람에게만 적용되었고 돈 없고 영주권 없는 우리 같은 사람에게는 그림의 떡이었다. 결국, 그들의 명의를 이용하여 창고를 빌리고 차량을 할부로 구매했다. 그리고 의사소통이 자유로운 큰아들이 사장과 배달 일을 겸했다. 나중에 들은 이야기인데 차량을 구입할 때 우리에게 명의를 빌려준 사람은 그의 아내로부터 한동안 바가지를 긁혔다고 한다. 생각할수록 고맙고 미안하다.

이로써 일회용품 배달을 위한 외적인 토대는 그럭저럭 마련하였다. 그런데 물건, 창고, 차량은 준비되었지만 불러주는 음식점이 없었다. 큰아들 혼자서 영업까지 감당하기에는 무리였던 것이다. 결국 우리는 그들의 인적 네트워크(Net Work)를 이용하여 영업을 했다. 심지어 그들은 우리의 사업체를 자신들의 계열사라고 주변에 소개했다. 교민사회에서 신망이 두터웠던 그들을 등에 업고 우리 사업은 순풍에 돛단 듯 날이 갈수록 매출이 올랐다.

인력이 더 필요해질 만큼 규모가 커졌을 때, 둘째 아이는 휴학하고 큰아이를 도왔다. 신입생 때부터 가깝게 지내던 친구들과 헤어져서 생활현장에 뛰어든다는 것이 그 나이 때에는 쉽지 않은 결정이었을 텐데 둘째는 고맙게도 순순히 가족의 뜻에 따랐다. 우리 부부 역시 일하는 틈틈이 창고에서 허드렛일을 돕고 의사소통이 가능한 한국인 음식점에 배달을 다녔다. 그렇게 가족이 하나의 목표를 향해 열심히 일하는 동안 어느새 매출은 영주권의 기본 요건인 연 매출 20만 호주달러를 거뜬히 달성할 수 있었다. 사업을 시작하기 전에는 공포의 숫자였는데 주변 사람들이 내일처럼 도와주니 기적이 일어난 것이다. '하늘은 스스로 돕는 자를 돕는다'는 격언이 의미심장하게 다가왔다.

그렇게 2년이 지나고 드디어 우리는 영주권을 취득할 수 있었다. 영주권을 취득 후, 제일 먼저 우리가 감사 인사를 전한 사람은 두말 할 나위 없이 그들이었다. 그들은 오히려 우리 가족의 노고를 치하하면서 자신의 일처럼 기뻐했다. 이제 우리의 상황은 여러모로 스스로 문제를 해결할 만큼 성숙해졌다. 그들의 명의로 빌려야만 했던 창고는 임대기간이 끝나서 우리 명의로 떳떳하게 임대했고 해를 더할수록 창고가 부족하게 느껴져서 서너 차례 이사를 했다. 단 한 대였던 배달 차량은 다섯 대로 늘어났다. 차량 수만큼 인력도 필요해서 직원들을 채용했고 둘째는 등록금 걱정없이 복학했다. 이처럼 우리 가정의 놀라운 발전은 그들의 아낌없는 지원이 견인차 역할을 했기에 가능한 것이었다.

주변을 둘러보면 도움을 필요로 하는 사람들이 많다. 특히 해외 생활은 더 그렇다. 고국에서의 경력과 상관없이 서둘러 선택한 직업은 자존심을 상하게 하고 자신감을 잃게 만든다. 게다가 비자 문제는 갈수록 어려워져 혼자 힘으로는 요원하다. 이민 선배의 입장에서는 작은 배려인 것들이 어려움에 처한 당사자들에게는 인생을 바꿀 만큼의 큰 은혜가 될 수도 있다. 이역만리 타국에서 만나는 동포는 피붙이처럼 반갑고 기쁘다. 이제 우리는 '특히 교민을 조심하라'는 부끄럽고 불명예스러운 이 말이 '교민 덕분에 성공했다'로 바뀔 수 있도록 해야한다. 서로에게 관심을 갖고 기꺼이 비빌 언덕이 되도록 노력해야한다. 단지 어려운 동포라는 이유로 그들이 우리 삶의 기틀을 마련해 준 것처럼.

청소 노동자가 된 사연

우연찮은 기회로 이민을 왔다. 우연이든 계획 이민이든 이 나라가 요구하는 까다로운 이민 심사를 통과한 후 호주 땅을 밟게 되었다. 공항에 도착하면 관광객들은 이국적 풍광에 관심을 갖지만 대부분의 이민자들은 만감이 교차하여 주변 풍경이 눈에 들어오지 않는다. 이제까지 익숙했던 것들과 결별하고 새로운 환경에 적응하며 생활해야 하는데 도대체 막막하기만 한 것이다. 환경과 문화가 다른 것은 큰 문제가 되지 않지만 언어 소통이 불가능한 것은 생존과 직결된다. 호주 땅에서 자신의 전공과 경력을 살려 밥벌이를 할 수 있는 이민자가 과연 몇 사람이나 될까?

타국에서 전공과 경력에 관련된 직업을 찾기 위해서는 본인의 의지는 물론 시간과 경제적인 여유가 필요하다. 그런데 우리에게는 이 세 가지가 모두 없는 절박한 상태였다. 참고로 교민들끼리 우스갯소리로 막 공항에 도착한 이민자들의 직업은 픽업 나온 사람의 직업과 같을 확률이 크다는 이야기가 있다. 그만큼 정보에 의존한다는 이야기이다. 우리는 비즈니스 비자를 취득했기 때문에 반드시 비즈니스를 해야 했다. 다행히 한 번의 좌절 끝에 좋은 사람들을 만나 대학을 막 졸업한 큰아들과 재학 중인 둘째 아들이 힘을 합쳐 비즈니스를 시작했다. 막 시작한 비즈니스에 온 가족이 헌신하면 물론 빨리 발전할 수도 있지만 잘못되면 함께 힘들어질 수 있기 때문에 우리 부부는 다른 일을 모색했다.

우리가 할 수 있는 일은 우선 투자 금액이 적게 들고 가급적 영어가 필요치 않는 것에 한정되었는데 이 조건을 충족시킬 만한 것이 청소업이었다. 한국에서는 큰 회사나 호텔 등을 제외하곤 어지간하면 직원들 스스로 주변을 청소하며 근무한다. 지금은 형편이 어떤지 모르지만 학교만 하더라도 학생들이 순번을 정하여 교실과 화장실을 청소했다. 그런데 이곳의 직장이나 학교는 자신들의 고유 업무만 하고 청소는 클리너(Cleaner)라고 불리는 청소 노동자들이 맡아서 한다.

클리너들은 사용자들이 썰물처럼 빠져나간 저녁 시간을 이용하여 낮 동안 더럽혀진 주변을 청소한다. 따라서 직원들을 만날 기회가 좀처럼 드물어 영어에 대한 두려움이 없고 일 역시 크게 복잡하거나 까다롭지 않다. 게다가 수입은 한국에서는 상상할 수 없을 만큼 높았다. 클리너의 자격조건과 급여상황을 대충 파악한 우리는 조금도 망설임 없이 클리너가 되기로 했다. 아니 망설일 만한 여유가 없었다는 표현이 맞겠다.

클리너의 일거리는 우선 본인이 사무실마다 방문하여 영업을 하거나 지역신문 광고란을 이용해 스스로 찾는 경우다. 이 방법은 초기 자본이 필요 없으며 영어로 고객과 소통이 가능해야 하는데 대부분의 클리너들이 궁극적으로 추구하는 목표다. 그 다음 방법이 청소 회사에 프랜차이지(franchisee)로 가입하는 경우다. 초기 이민자들이 가장 안전하고 쉽게 접근할 수 있는 경우로 가입비와 청소권 구매비용, 그리고 매달 수입의 일정액을 로열티로 프랜차이저(franchiser)에 지불해야 한다. 모(母) 회사는 가입자들의 안전한 정착을 위하여 초기 트레이닝과 영업은 물론 사전 사후 관리 방법을 지속적으로 지도한다. 따라서 경험이 없는 우리 같은 프랜차이지들도 큰 부담 없이 노동에 참여하여 생계를 유지할 수 있는 기회를 갖는 것이다.

초기에는 프랜차이저의 절대적인 도움으로 기반을 형성하지만 시간이 흐르면 프랜차이지도 운영 방법을 터득하게 된다. 그리고 마침내 스스로 영업활동을 하여 일자리를 창출할 수 있을 만큼 성장하게 된다. 그러면 우리 역시 다른 노동력, 즉 워킹홀리데이 비자 소지자나 아르바이트생, 파트 타임자의 협력을 필요로 한다. 따라서 해외에 나올 때 특별한 경력이나 기술이 없으면 대부분 3D업종의 하나인 청소업으로 밥벌이를 시작하게 되는 것이다. 청소 6년 차 우리의 경험에 의하면 이 사회는 3D업종에 종사하는 노동자들을 천대하지 않고 대등한 관계로 대접하며 고마워한다. 그런 분위기에 편승해서 노동자인 우리는 당당하게 각각의 조직에 혹은 개인에 협력한다는 마음으로 경제 활동을 하고 있다.

최근 인터넷에서 어느 지방의 건축업자가 외국인 노동자에게 밀린 월급을 동전 2만 2천 여 개로 지급했다는 기사를 읽었다. 제때 월급도 아닌 하물며 밀린 월급을 그것도 동전을 사무실 바닥에 쏟아 뒤섞이도록 한 뒤 가져가라고 했단다. 그 기사는 외국에서 청소 노동자로 살아가는 내 처지와 비슷하여 마치 내가 당한 일인 양 단박에 분노가 치밀었다. 세상에 시계를 거꾸로 돌려도 유분수지 지금이 어떤 세상인데 무슨 생각을 갖고 그와 같이 부끄러운 행동을 했을까? 다행히 동전을 받은 외국인 노동자를 딱하게 여긴 인근 상점 주인과 한국은행의 도움으로 5만 원짜리 지폐로 교환해 주면서 사건은 일단락되었다고 한다. 비슷한 시기, 내가 살고 있는 호주에서는 다음과 같은 사건이 있었다.

유학생인 청소 노동자가 고객의 오피스 시설을 이용하여 커피를 마셨다. 이를 본 고객사 매니저는 청소 용역 회사에 보고했고 용역 회사는 '고객의 커피를 마신 행위는 절도행위'라고 주장하며 청소 노동자를 즉각 해고했다. 그러나 공정근로위원회와 유나이티드 보이스(United Voice)는 "고객의 커피를 마신 것이 '절도'라면 더운 날 고객 주방에서 물을 한 잔 마시거나 화장실을 이용한 것도 '절도 행위'일 것."이라고 반박했다. 그리고 "현대사회에서 노동자가 커피를 마셨다고 해고되는 것이 몹시 충격적"이라고 덧붙이면서 부당 해고당한 청소 노동자에게 피해 배상액으로 한화 9백만 원을 지급하고 복직을 판결했다는 내용이다.

우리는 지금 지구촌 시대에 살고 있고 우리의 후손들은 더 빨리 더 많이 세계 곳곳을 누빌 것이다. 또 그렇게 될 때 개인과 나라가 좀 더 발전할 수 있다. 한 나라에 체류하고 있는 외국인들은 겉모습은 조금 다르지만 대부분 적법한 절차를 거쳐 그곳에서 생활하고 있으며 내국인과 생물학적으로 똑같은 사람들이다. 그들 역시 희로애락을 가진 감정의 동물이며 시비를 아는 인간이다. 외국인을 국가발전의 원동력으로 널리 포용하는 사회와 편견을 가지고 하대하는 사회, 과연 어느 사회가 바람직한 미래의 인류 모습일까 생각해 보자. 그리고 주변의 소외된 외국인들을 따뜻하게 대하자. 외국에서 노동자로 살아가는 우리 동포들의 간절한 바람이며 그것이 지구촌 시대를 살아가는 성숙한 시민의 모습이다.

내 집 마련하기

- 첫 단계, realestate.com.au.

대부분의 한국인들은 집에 대한 애착이 강하다. 한국에서의 내 집 마련은 정상적인 성인이라면 직장을 구한다든가 결혼을 하는 것처럼 일생에 꼭 해야 할 통과의례처럼 되었다. 땅은 좁고 인구는 늘어나고 해마다 집값은 올라가니, 취업을 하게 되면 무리해서라도 집 장만부터 하는 분위기다. 나는 다행히 호주에 오기 전까지는 내 집이 있었다. 어렸을 적에는 여섯 식구가 살기에는 턱없이 부족했지만 방 두 칸짜리 집이 있었고 결혼과 동시에 알뜰한 남편 덕에 아담한 아파트가 생겼다. 그리고 집이란 것이 가족의 휴식처를 넘어 재산 증식의 중요한 수단이 된다는 것도 알았다.

90년대, 내가 살던 서울의 위성도시 수원은 신도시 건설 붐

덕에 많은 아파트들이 생겨났다. 우리는 이 분위기에 발 빠르게 편승하여 어렵지 않게 아파트를 분양 받았고, 분양 받은 아파트는 입주 시기가 되면 웃돈을 받고 파는 등 뜻하지 않게 집은 우리 가계를 살찌우는 역할을 했다. 두 아이들과 친정 동생의 유학을 결정할 때도 남편의 월급 통장보다는 환금성이 큰 집이 있었기에 크게 망설이지 않았을 정도로 큰 도움을 주었던 집이 호주에서는 없었다. 그나마 다행이었던 것은 호주에서 유학하던 친정 동생이 졸업과 동시에 아담한 유닛(Unit)을 사놓았고 자신은 시드니로 직장을 옮겼기 때문에 우리 가족이 주거할 집은 당분간 걱정하지 않아도 되었다.

동생의 유닛은 한국식으로 말하자면 다세대 주택으로 8가구가 함께 살고 있었으며 출입구와 정원, 쓰레기 처리장을 공동으로 사용하는 형태였다. 지은 지 50년 되었다는 그 집은 시내와 가깝고 10분 정도만 걸으면 브리즈번 강을 이용하여 운행되는 페리(Ferry)를 탈 수 있는 꽤나 낭만적인 곳에 위치해 있었다. 게다가 건물 나이만큼 정원수들도 자리를 잡아서 주거지로는 손색없을 만큼 쾌적한 환경이었으나 우리 부부는 그 집의 가치를 높게 평가하지 않았다. 우리는 은연 중 집의 가치를 재산 증식 수단으로 생각했기 때문에 시티에 있는 아파트나 아니면 조금이라도 땅을 가진 하우스(House)가 아닌 것이 못내 아쉽기만 했다. 그러면서 비록 당장 집을 살 형편은 아니지만 이곳의 주택시장에 대하여 관심의 끈을 놓지 않고 지켜보다가 realestate.com.au(이하 realestate)라는 사이트를 알게 되었다.

realestate는 이곳 부동산 관련 사이트로 부동산에 관한 모든 정보를 제공해 준다. 우선 관심 있는 지역과 주택의 형태, 즉 아파트, 하우스, 유닛을 구분하고 좀 더 구체적으로 방과 샤워실의 숫자를 입력하면 해당 조건과 부합하는 모든 정보가 사진과 함께 시세까지 자세히 검색된다. 만약 어떤 구매자가 자신이 원하는 지역 부동산에 관심이 있다면 한국에서는 가까운 중개업소에서 조언을 받는데 이곳에서는 realestate의 검색 창에 주소만 입력하면 주변 시세를 앉아서도 훤히 볼 수 있는 것이다.

우리 부부는 이 사이트를 즐겨 찾기에 등록하고 틈만 나면 검색하면서 집값의 추이를 살펴보았다. 한국의 부동산 시장처럼 가파르지는 않았지만 분명 변화의 조짐을 감지할 수 있었다. 그러나 우리에게는 당장 실천에 옮길 만한 자금이 없으니 안타깝기만 했다. 보통 이민 온 지 서너 해가 지나면 한국인들은 내 집 마련을 생각한다. 이민자마다 경제적 배경과 적응 능력이 다르기 때문에 딱히 이 기간이 일치하는 것은 아니지만 한 두 해 정도의 현지 적응이 끝나면 집 장만을 구체화한다.

이곳은 한국처럼 전세 제도가 없어서 집세를 매달 지불하니 가계 지출이 크다. 게다가 잦게는 한 달에 한 번, 적어도 세 달에 한 번씩 인스팩션(Inspection)이라는 이름으로 부동산에서 집주인을 대신해 월세 집 관리 상태를 점검한다. 집 안팎의 청소 상태는 물론 불법용도 변경 등을 체크하는데 세입자 입장에서는 매달 꼬박꼬박 적지 않은 집세를 지불하는데도 감시당하는 것 같아 반감을 갖게 된다. 그래서 그런 제도로부터 자유로워지고 싶어 서둘러 집을 장만하는 것 같다.

한 가지 다행인 것은 한국의 경우 주택 구매 자금의 80%를 본인이 마련하고 나머지 20%는 대출에 의존하는데 이곳은 보통 20%의 초기 자금만 마련되면 나머지 80%는 은행에서 장기 융자가 가능하다. 따라서 구매자의 입장에서 보면 남의 집 살면서 월세 내고 제약 받는 것보다 비록 은행에 매달 원금과 이자를 상환한다 하더라도 우선 주거공간을 자유롭게 이용할 수 있다. 덤으로 주택시장의 변동에 따라 시세 차익도 생각해 볼만하니 초기 자금만 확보되면 굳이 주택 구입을 미룰 필요가 없는 것이다.

이민 온 지 다섯 해, 큰아들이 하는 사업도 제법 안정되었고 작은아들도 정부로부터 학비를 융자받을 수 있게 되어 당장 목돈이 들어가는 부담이 줄었다. 그리고 우리 부부의 수입도 매달 이자 정도는 감당할 능력이 되어 집을 사기로 마음먹었다. 사실 그동안 우리가 살고 있던 동생의 집은 월세가 $1400~1600(한화 140~160만원)정도 수준이었는데 우리는 겨우 반값만 지불하며 살았으니 동생은 그만큼 손해를 감수했던 것이다. 6년 동안 한마디 불평 없이 우리의 형편을 헤아려 참고 기다려준 동생에게 새삼 고맙고 미안하다. 그리고 독립의 욕구가 있었음에도 불구하고 방 한 칸을 형제가 함께 쓰면서 자립도가 낮은 우리 부부의 든든한 보호자가 되어준 두 아들 또한 대견하고 고맙다.

드디어 realestate를 통한 우리 집 찾기가 시작되었는데 하우스이며 큰아들의 가게가 가까운 곳, 그리고 방은 식구 수대로 4개인 우리 가족의 욕구를 충족시킬 만한 집들이 소개되었다. 한국에서는 주택 구매 의사가 있으면 중개업소를 방문하여 언제든지 주변의 매물을 쉽게 살펴볼 수 있다. 심지어 빠른 판매를 원하는 일부 주인들은 중개업자와 손님의 번거로움을 줄이기 위해 처음부터 집 열쇠를 중개업자에게 맡기는 경우도 종종 있을 만큼 매물 확인 절차가 간단하다. 그리고 웬만큼 구매 의사를 비치면 중개업자는 재빠르게 가격을 조율하여 계약서를 작성하고 보통 한 달 후에 구매자와 판매자가 나란히 앉아서 잔금을 정산하면 일차적인 절차가 끝난다. 게다가 은근히 한국의 중개업자들은 구매자 쪽 편의를 봐주기 때문에 돈만 마련되면 크게 번거로울 것 없이 대접받으면서 집을 장만할 수 있었다.

그런데 이곳의 사정은 달랐다. 판매 대상이 된 집의 내부 상태를 당장 확인할 수가 없었다. 물론 외부는 판매를 알리는 팻말을 집 앞에 설치하기 때문에 언제든 가능했지만 내부는 에이전트에서 지정하는 날짜에만 확인이 가능했다. 게다가 그 지정된 날짜가 대부분 토요일이라서 우리처럼 토요일도 일을 하는 구매자들에게는 여간 성가신 일이 아닐 수 없었다. 그나마 다행인 것은 토요일에 대부분 판매 대상 집들의 내부 확인 절차가 진행되기 때문에 시간대 별로 정보를 모으면 보통 아침 9시부터 오후 4시까지 5~6군데의 집을 확인할 수 있었다. 우리는 인터넷으로 관심 있는 집 내부의 확인 절차를 신청하고 토요일의 모든 일정을 뒤로 미룬 후 마침내 호주에서 내 집 마련 첫 걸음에 대한 기대로 들떠 있었다.

- 두 번째 단계, 인스팩션(Inspection)과 가격 결정하기

부동산을 구입할 때 수칙 중 한 가지가 발품을 많이 팔아야 한다는 것이다. 되도록이면 시간을 갖고 여러 군데의 물건을 살펴보아야 구입 대상에 대한 안목이 생겨 실수를 줄일 수 있다는 의미일 것이다. 우리는 한국에서 신규 분양 아파트만을 청약했는데 아파트의 경우 내부는 모두 같고 이미 시공사에서 평형 별로 가격을 제시하기 때문에 선택에 큰 어려움이 없었다. 다만 청약 전에 시공사는 믿을만한지 해당 아파트 주변 시세와 인프라 조성 정도 등을 고려해서 청약서를 넣고 나중에 당첨 사실 여부와 층, 호수를 확인하는 등 내 집 마련 절차가 비교적 간단했다.

그런데 지금 이곳에서 우리가 구입하고자 하는 것은 아파트가 아니고 단독 주택이기 때문에 신경 써야 할 것이 여간 많지 않았다. 집의 위치는 가족의 경제 활동을 중심으로 이미 정해 놓았다. 문제는 어떤 구조 혹은 어떤 목적, 즉 가족만이 살 집이냐 아니면 수익을 위해 좀 불편하더라도 다른 식구들과도 함께 살 것인지 등을 고려해야 했다. 우리는 경험이 없기 때문에 혹

시라도 놓치는 부분이 생길까 봐 남편 친구에게 도움을 청했다. 그 친구는 이미 집을 구입한 경험이 있고 또 주택 구매와 관련된 일을 하고 있기 때문에 분위기를 잘 알고 있어서 우리의 청탁에 기꺼이 함께했다. 그리고 내가 구입하고자 하는 동네에 이미 터를 잡고 사는 친구까지 합류하였으니 이만하면 사전 준비는 완벽했다. 드디어 토요일 우리는 인스팩션에 참가했다.

이곳 주택의 특징은 목재를 이용한 준 2층 정도 높이의 집이 많은데 1층은 주로 차고와 창고로 쓰고 2층은 생활공간으로 쓴다. 이러한 형태의 집은 여름이 긴 이곳의 기후와 홍수 피해를 고려해서 설계한 전통가옥으로 '퀸즈랜더(Queenslander)'라고 부른다. 목조주택이라 하면 으레 아담한 전원주택이 연상되는데 이곳 전통가옥의 외관은 그리 아름다운 편은 아니다. 그런데 막상 내부를 살펴보면 시원하고 쓸모 있게 잘 지어졌으며 개성 있고 꼼꼼하게 관리해서 쾌적함을 더했다. 문득 '집은 표정이다'라는 어느 카피 문구가 생각났는데 참 적절한 표현이다 싶었다.

전통가옥의 또 한 가지 특별한 이점은 통째로 이동이 가능하거나 높낮이를 조절할 수 있다는 것이다. 이사라는 개념은 사람이 필요에 의해 움직이는 것인데 이곳에서는 집도 함께 움직이는 것을 가끔 볼 수 있다. 저렇게 살던 집을 모시고(?) 다니면 저 푸른 초원 위나 한적한 바닷가 근처라도 추억이 많아 외롭지 않고 쉽게 정착할 수 있을 것이라는 낭만적 상상을 했었다.

또한 높낮이 조절이 가능하다는 점을 이용하여 법적(法的) 기준인 2.6m까지 기존의 공간을 높게 올리고 그 새로 생긴 공간 1층에 단독 세대를 들이는 집이 많다. 가족 중 새로 가정을 꾸리거나 렌트(Rent)나 쉐어(Share) 등 수익을 목적으로 하는 경우이다. 단독으로 살다가 한 가정이 늘게 되면 다소 복잡하기는 하지만 경제적 이점이 있기 때문에 현지인들도 많이 선호한다. 실물을 보고 여러 가지 이점을 알게 되면서 아담한 벽돌집만 고집했던 우리의 생각이 점차 바뀌게 되었다.

인터넷으로 검색할 때는 제법 근사한 집이 막상 살펴보면 사진과는 달리 형편없는 집도 많았다. 좁은 내부 구조는 좀 더 넓게, 밀림 수준의 정원은 좀 더 아름답고 쾌적하게 기술적으로 사진을 처리했기 때문에 기대에 못 미쳐 실망하는 경우도 몇 번 있었다. 인스팩션의 참가 횟수만큼 집 고르는 기준은 까다로워졌고 시간과 자금은 충분치 않으니 결정 없이 금세 한 달이 지났다. 이쯤 되니 우리 때문에 수고하는 일행에게 미안하기도 하고 해당 매물들은 차례로 팔리며 갈수록 현장 열기는 고조되어 조바심만 커졌다.

조바심으로 한 달이 지난 어느 날, 우리는 드디어 우리 가족에게 적합한 집을 찾았다. 시내에서 가깝고 비교적 조용한 동네에 위치해 있는 2층 전통 가옥이었는데 뒤뜰이 공원과 접해 있어 쾌적한 느낌을 주었다. 더군다나 미래의 주인이 요긴하게 사용할 수 있도록 법적 기준치까지 들어 올려 바닥 공사를 마친 상태라서 잠재적으로 투자가치도 높았다. 무엇보다 인건비 비싼 나라에서 집수리는 당장 큰돈이 필요한데 누가 봐도 호감이 가게끔 깨끗하고 쓸모 있게 관리했으며 마감재도 깐깐하게 신경 쓴 흔적이 역력했다. 다만 각 층에 화장실이 한 개 밖에 없는 것이 큰 흠이었는데 나머지 여건들이 첫눈에 들어 구매하기로 결정하였다.

문제는 거기서부터 시작되었다. 과연 공시가보다 얼마를 더 써야 우리 집이 될 수 있을까? 그날의 분위기를 참작하면 제법 높은 가격을 써야만 할 것 같았다. 참고로 집을 살 때 이곳에서는 인스팩션 때의 분위기가 가격 결정에 중요한 변수로 작용한다. 한국에서 아파트를 청약할 때 모델 하우스가 공개되면 관심 있는 많은 청약 대상자들이 몰리는 것과 같은 현상이다. 다만 한국의 아파트 분양은 경쟁자가 많으면 당첨 확률이 낮아지지만 이곳은 가격이 오른다는 차이점이 있다. 특히 최근에 아시안 구체적으로 말하면 중국인들이 공격적으로 부동산을 매수하기 때문에 전반적으로 집 가격이 크게 올라 있었다.

현지인들은 꼼꼼하게 관찰하고 가격을 합리적으로 책정하는데 비해, 중국인을 비롯한 아시안들은 물건이 맘에 들면 '우선 사고 보자'는 급한 마음에 터무니없이 비싼 가격을 제시한다는 것이다. 판매자 입장에서는 구매자가 누구든 간에 높은 가격을 받으면 좋지만 좀 더 싸게 사고 싶은 구매자 입장에서는 낭패가 아닐 수 없다. 그래서 시드니 같은 대도시에서는 일반 구매자들이 공격적 구매 성향을 가진 아시안들과 실랑이를 벌이거나 언론을 통해 공개적으로 비난하는 기사를 보았다.

이런 현상은 문화와도 관련이 있는 것으로 아시안들은 결과 중심의 사고방식을 가지고 있기 때문에 집 구매에서도 이 같은 의식이 작용하는 것 같다. 그리고 적지 않은 아시안들 특히 젊은 층들은 부모들로부터 자금을 지원 받기 때문에 큰 부담 없이 시장에 대응하고 있어 해마다 가격이 상승하니 같은 구매 입장에서 볼 때 큰 부담인 것이다.

예산은 넉넉지 않고 그렇다고 돈 몇 푼 아끼려고 소극적으로 대응해서 그 집을 못 사게 되면 크게 후회할 것 같아 우리 부부는 전전긍긍했다. 결국 우리는 주변사람들의 조언과 최근 주택 매매 상황을 참고하여 집 주인이 제시한 가격보다 무려 $55,000(한화 5천 5백만 원)이란 큰돈을 얹어서 신청서를 제출했다. 우리는 중국인을 경계하면서도 은연중 그들과 똑같은 짓을 한 셈이다. 어쨌든 신청서는 토요일 저녁에 중개업자에게 제출했고 결과는 그 다음 주 목요일에 발표된다는 연락을 받았다.

최종 결과가 발표되기 전 중개업자는 전화를 통해 구매 희망자 수와 주택 총 가격의 20%에 준하는 금액의 준비 여부 그리고 구매 의사가 변함없는지를 확인했다. 그 나흘간의 시간은 마치 시험을 끝내고 점수를 기다리는 수험생처럼 초조했고 하루하루는 지루했다.

- 세 번째, 하자 신청

마침내, 목요일 저녁, 그 집은 우리에게 우선권이 주어졌다. 중개업자로부터 확인 전화를 받고 우리 가족은 뛸 듯이 기뻤고 함께 고민했던 친구들도 우리 못지않게 기뻐했다. 이제 우리도 앞으로 있을 몇 가지 절차만 무사히 마무리하면 우리 집을 갖게 되는 것이다. 나는 그 밤에 미래의 우리 집을 다시 한 번 가보자며 들떠 있었고 남편은 그런 나를 진정시켰다. 그러다가 방정맞은 내 입이 추가로 더 쓴 $55,000이 아까워서 너무 섣부르게 행동했다고 자책했다. 남편 역시 웃돈을 생각하면 가슴이 쓰리긴 했지만 그것이 최선의 방법이었다며 돈 때문에 오매불망하는 나를 위로하며 그렇게 그날 밤을 보냈다.

다음날 아침, 중개업자는 우리에게 20%를 제외한 나머지 금액에 대해 대출 허가 신청서를 제출해야 한다고 설명했다. 그리고 일주일 내로 그 집에 대해 전문가 진단을 받고 하자가 있을 경우, 현 주인에게 수리를 의뢰해야 한다고 했다. 만약 이때 현 주인이 하자 보수를 거부하면 계약을 취소할 수 있고 최종적으로 입주일은 한 달 후라고 친절히 가르쳐 주었다.

우리는 변호사를 선임했고 변호사의 지시에 따라 전문 인스팩터(Inspector) 2명과 함께 2차 인스팩션에 참여했다. 처음 인스팩션 때와는 달리 그들의 설명을 들으면서 꼼꼼히 살피게 되니 내 집이라는 것이 실감났다. 그들은 목재건물에 치명적인 흰 개미

존재 여부와 배수로를 살폈다. 그리고 예상했던 대로 큰 하자는 없고 다만 정원에 큰 나무가 있어 배수로를 신경 써야 한다고 말했다.

변호사를 통해 집에 대한 인스팩터들의 전반적인 의견이 전달되자 집주인은 다시 한 번 지붕과 주변 배수로를 깨끗이 청소해 주었다. 더군다나 주인은 전기기술자여서 가계부담을 줄일 만한 것들, 예를 들어 지붕 위의 태양열 판넬이라든가 도시가스, 정수기 설치 등을 설치해 놓아 우리를 기쁘게 했다. 그리고 변화사 선임과 전문 인스팩터의 참여로 복잡한 절차가 순조롭게 진행되니 우리는 홀가분하게 시간 되는 대로 미래의 집 주변을 서성거렸다. 그러다가 이웃집 할아버지를 만났다. 할아버지는 낯선 이방인이 새 주인임을 직감하고 담장의 큰 나무를 가리키며 큰 문제라고 고개를 설레설레 저었다. 할아버지가 지적한 나무는 우리 집에 뿌리를 두었지만 워낙 커서 곁가지가 그의 집 정원까지 침범한 상태였다. 큰 나무의 낙엽들이 배수로를 막아 때때로 성가신 문제가 있었던 눈치였다.

사실 나는 처음 그 나무를 보았을 때 약간 찜찜한 생각이 들었었다. 어렸을 적 시골 어른들은 "집안에 주인보다 큰 나무가 있으면 집주인의 기를 빼앗아 안 좋다."라는 이야기를 들었기 때문이었다. 그러나 내 생각과는 반대로 남편은 시원스럽게 뻗은 나무를 만지면서 "참 잘생겼다."고 칭찬하는 바람에 나무 이야기는 하지 않았었다. 그런데 기어이 그 나무가 걸림돌이 된 것이다.

노인들이 많은 동네이기 때문에 그렇잖아도 조심스러웠는데 옆집 어른이 덜컥 나무가 문제라 하니 우리는 순간 긴장했고 내심 불안해서 전문 업체에 견적을 의뢰했다. 그런데 나무 자르는 비용은 생각보다 비쌌고 추가로 비용이 들어가니 우리의 고민은 컸다. 생각 끝에 큰아들은 변호사와 중개업자에게 우리의 입장, 즉 의사소통에 어려움이 있는 아시안 중년 부부가 새로운 환경에 순조롭게 적응할 수 있도록 나무를 베어 달라고 정중하게 부탁했다. 그랬더니 주인은 우리의 입장을 충분히 배려해서 흔쾌히 문제의 나무를 베어버리고 그 자리에 약품처리까지 해주는 성의를 보였다. 이 같은 배려를 받고 보니 옳고 그름을 떠나 집을 인수인계하는 두 나라 사람들의 확연히 다른 태도에 대해 생각해 보게 되었다.

한국에서는 이사 계획이 있으면 대부분의 사람들이 살던 집을 방치하는 경향이 있다. 물론 나 자신도 그랬다. 평소에는 쓸고 닦다가 이사 할 즈음이면 더 이상 부지런을 떨지 않았으며 심지어 고장 난 곳이 생겨도 고치지 않았다. 게다가 '새 부대에 새 술을 담는다'는 궤변을 일삼으며 멀쩡한 물건도 과감하게 버리고 새 물건을 좇느라 밤낮으로 분주했다.

이사하는 날, 가구와 집기류를 빼낸 자리는 각종 쓰레기와 먼지가 수북했는데 "먼지를 쓸어 내면 복도 쓸려 간다."고 엄마는 일절 청소를 금지시켰다. 말하자면 전 주인이 남긴 쓰레기들은 새 주인 몫의 복(福)인 것이다. 쓰레기가 복이라고 해석하는 이

관례를 난 심각하게 생각해본 적이 없었고 다만 '어른들 말씀이 그렇다니 그런가 보다.'라는 입장이었다. 그런데 내가 인수자의 입장이 되어 입주 청소를 할 때, 전 주인이 남긴 그 수북한 먼지를 복이라고 생각한 적은 단 한 번도 없었다. 복이라고 생각하기는커녕 게으른 주인이라고 두고두고 흉을 보았었다.

위에서 언급한 바와 같이 이곳의 주택 인수인계 절차는 한국과 정반대다. 우선 집을 판매할 계획이 있으면 주인들은 시간을 갖고 꼼꼼히 집 안팎을 손본다. 주인의 손이 채 미치지 않은 부분은 전문가의 2차 인스펙션 때 모두 지적되어 다시 깔끔하고 완벽에 가까울 정도로 보수한다. 그리고 짐을 빼낸 후 다시 청소하여 다음 주인이 쾌적하게 사용할 수 있도록 최선을 다한다. 이는 그동안 안락함을 주었던 내 집에 대한 떠나는 사람들의 예의이며 새로운 주인에 대한 깊은 배려인 것이다. 그렇게 인수인계하도록 제도화한 것이고 만약 이를 무시하면 그에 상응하는 어떠한 대가를 감수해야 한다.

관계된 사람들의 협조와 조언 아래, 우리는 문제를 해결했고 그 과정에서 상호 신뢰가 싹텄다. 이제 우리는 새로운 주인을 맞이하기 위해 현재 살고 있는 집을 깨끗이 보수해야 할 의무가 있다. 새 집에 대해 분에 넘치는 배려를 받기 전에는 간단한 청소만 생각했었다. 그런데 내가 받은 만큼 베풀어야 하는 것이 도리라는 생각이 들었다. 게라지며 세탁실까지 우리의 손때가 묻은 곳은 세심하게 쓸고 닦아서 새 주인이 우리처럼 기분 좋게 출발할 수 있도록 최선을 다 해야겠다.

- 그리고 이사

조용하기만 했던 유닛(Uint)이 아침부터 시끌하다. 우리의 이사를 돕기 위해 트레일러와 소형 트럭을 동원하고 친구들이 모였다. 비교적 부피가 작은 박스들은 틈틈이 우리 부부가 옮겼기 때문에 오늘은 부피가 큰 가전제품과 가구들을 옮기고 마무리 청소를 해야 했다. 우리 부부 둘만이 짐을 옮길 때는 조금 서글펐는데 여럿이 힘을 모으니 활기가 넘치고 금방 바닥이 환해졌다. 한동안 요긴하게 잘 썼던 것들이 갑자기 자취를 감췄는데 가구를 들춰내니 뽀얗게 먼지를 뒤집어 쓴 채 주인을 맞이했다. 앞서거니 뒤서거니 이삿짐을 실은 차들은 출발했고 뒷정리를 위해 호젓하게 나만 남았다.

처음 브리즈번에 왔을 때 계절은 한여름이었지만 오랜 가뭄 때문에 주변은 온통 서걱거리는 갈색이었다. 우리의 거주지인 이 집은 아담한 벽돌집으로 100년 된 처치 그래마(Anglican Church Grammar School)라는 마치 성(城)처럼 거대한 남자 사립학교와 길 하나를 사이에 두고 있었다. 학교 운동장 가에는 처음 보는 열대 수목들이 도열해 있어 외국임을 실감했다. 막 꽃을 피운 나무도 있었고 꽃 없이 잎만 무성한 것도 있었는데 배불뚝이 바오밥(Baobab) 나무도 그중의 하나였다. 자신의 별에 구멍을 뚫고 심지어 별을 산산조각 낼까봐 어린 왕자를 걱정하게 만들었던 문제의 그 나무는 사진에서 본 이스터(Easter) 섬의 모아이(Moai) 석상처럼 심각해 보였다.

운동장 가장자리는 열대 수목들의 행렬이고 맞은편, 통행을 위한 좁은 길옆은 맹그로브(Mangrove)군락지였다. 식물들은 브리즈번 강줄기인 샛강에 단단히 뿌리를 내리고 키를 맞춘 듯 서 있었다. 붉은 벽돌의 학교 본 건물과 건너편 대 운동장은 샛강을 사이에 두고 있었는데 아치형의 좁은 다리가 둘 사이를 연결하고 있었다. 다리 위에서 내려다 본 강바닥은 깊이를 알 수 없고 물은 맑았다. 학교는 방학이어서 고요했고 아름드리 꽃나무와 바오밥 나무와 비린내 없는 샛강을 바라보면서 이만하면 이곳도 훌륭한 보금자리라고 스스로 위로했다. 그리고 가끔 맹그로브 군락지를 따라 산책하고 꽃을 즐기며 다리 위에서 노을을 바라보는 삶 또한 평화롭고 근사할 것이라 생각했다.

유닛에 왔을 때 제일 먼저 우리를 맞이한 것은 뜻밖에 까마귀였다. 우리 문화 상식으로 그 새들은 흉조라서 기분이 좋지 않았다. 그런데 더욱 놀라운 것은 사람을 보고도 전혀 두려워하지 않고 오히려 얼굴을 익히려는 듯 물끄러미 우리를 쳐다보았다. 땅 한번 쪼고 종종걸음 하다가 주변을 두리번거리는 모습은 날짐승이라기보다는 가축 같았고 몸집 또한 암탉처럼 크고 윤기가 났다. 그 새들은 무리 지어 운동장을 날다가 그중에 호기심 많은 몇 몇이 우리 유닛을 습관처럼 기웃거렸다. 절간처럼 조용한

낮, 가만히 귀 기울이면 가끔 지나가는 자동차 소리와 함께 자신의 존재를 알리는 까~악, 까~악 소리가 들렸다. 오죽하면 한국에서 전화하는 사람들이 우리 집 까마귀 안부를 물을 정도로 그 새들은 우리 집의 일원이 된 것이다.

낮 동안 까마귀와 사람들의 공간이었던 유닛에 어슴푸레 저녁이 오면 그 고요를 뚫고 한 떼의 박쥐들이 질서있게 횡단했다. 엄연히 포유류이지만 날 수 있는 이 동물들은 낮에는 샛강의 큰 나무에서 날개를 접고 거꾸로 매달려 휴식을 취했다. 멀리서 보면 그 모습은 검은 열매가 주렁주렁 열린 것처럼 보였다. 이윽고 저녁이 되면 박쥐 떼들은 일제히 무리 지어 어디론가 날아가고 그때면 우리도 서둘러 운동화 끈을 조이고 저녁 일을 나섰다.

아무도 없는 빈 집 창가에 끼, 끼 소리를 내며 게코(Gecko)가 어둠 속에 진(陳)을 쳤다. 희미한 불빛을 좇아 날아드는 곤충과 거미들을 포획하기 위해 숨죽이며 주변을 살핀다. 도마뱀처럼 생겼지만 대부분 크기가 10㎝미만이라서 징그럽지 않다. 독이 없고 사람에게 해코지하지 않으며 가끔 겁 없이 집 안으로 들어오는 경우도 있다. 서로 눈이 마주치면 함께 놀라기도 했는데 눈망울이 귀엽다고 생각했다. 파충류가 귀엽다니 나도 이제 이곳 사람이 다 되었나 보다. 가끔 방심해서 고양이 눈에 띄면 온전하지 못하기 때문에 긴장하고 민첩하게 행동해야 한다. 고양이를 제외한 대부분의 유닛 가족들은 게코를 사랑스러워 했다. 특히 남편은 하루 일과가 끝난 후 베란다에서 맛있게 담배 한

대를 피우면서 게코의 곤충 포획 장면을 즐겼다. 그리고 이때쯤 하늘 한가운데 있는 달 보기를 좋아했다.

밤이 무르익는 시각, 사방은 고요하고 사람들은 단꿈을 꾸는데 야행성 동물인 포섬(Possum)은 어슬렁어슬렁 행동을 개시했다. 호주의 대표 동물인 코알라처럼 회색이며 집 고양이 정도의 크기인 이 유대동물은 외줄타기 선수다. 원래 보금자리는 사립학교 운동장 가의 큰 나무인데 무슨 이유인지 밤만 되면 전선을 타고 아슬아슬하게 우리 집 쪽으로 이동했다. 아차, 실수로 대롱대롱 매달리기를 반복하다 겨우 도착한 유닛의 정원수에서 형편없는 쉿소리로 밤새 사랑가를 불렀다.

이윽고 부옇게 동이 트면 사립학교 학생들의 달리기가 시작되었다. 주인 손에 이끌려 산책 나온 견공(犬公)들의 발걸음은 경쾌한데 계속된 달리기로 학생들의 얼굴은 상기되었고 숨은 점점 거칠어진다. 이때쯤, 우리 옆집 꼬마 숙녀 아나카(Anaka)의 아침이 시작된다. "게릭!" 이제 겨우 5살인 아나카는 자기보다 나이가 배(倍)나 많은 고양이 할멈을 앙칼지게 부른다. 귀여운 꼬마 주인의 아침 인사를 차마 무시할 수 없어 게릭은 적당히 주변을 빙빙 돌며 비위를 맞추다가 냉큼 밖으로 뛰쳐나간다. 밤새 별일 없는지 바쁜 식구들을 대신해서 집 주변을 순찰한다. 미끈한 꼬리를 치켜들고 "야~옹" 길게 소리를 내면 그 서슬 퍼런 모습에 한 순간 새들의 합창이 멈춰졌다.

사철 내내 흐드러진 붉은 부겐베리아와 조깅하는 무리들을 물끄러미 바라본 후 집으로 돌아오면 유닛의 온 가족들은 출근 준비로 바쁘다. 눈만 뜨면 자신을 귀찮게 쫓아다니는 주인 집 아나카는 오늘도 고집스레 장화를 신고 어린이 집에 가고 없다. 주인 없는 텅 빈 계단에 앉아 몸단장을 끝낸 게릭은 요염한 포즈로 유닛 가족들을 일일이 배웅했다.

"아나카에게는 이사하는 날까지 비밀로 해 줘. 만약 미리 알면 더 많이 슬퍼할 거야."

그녀의 엄마인 마리안이 당부했는데 우리는 어떻게 그 아이와 슬프지 않은 이별을 할 수 있을까? 장미꽃이 예쁘게 인쇄된 엽서에 나는 몇 줄 썼다.

> 친절한 마리안과 사랑스런 아나카에게.
>
> 오늘 우리는 이 집을 떠나. 그동안 친절하게 대해줘서 정말 고마웠어. 언제 어디서든 너의 친절과 꽃을 좋아하는 사랑스런 아나카가 그리워질 거야. 조만간 새 집에서 만나자. 행운이 함께 하길 빌게.
>
> \- 벤(Ben)과 인희(Inhee)

그리고 우리는 아름다웠던 추억들과 함께 새 집으로 이사를 했다.

그린 빈(Green Bean) 애용법

슈퍼마켓에서 일주일 분 식품을 구입했다. 식구는 얼마 되지 않지만 매일 큰아들 가게에 도시락을 챙겨 줘야하기 때문에 구입량이 항상 많다. 젊은이들이 좋아하는 고기는 물론 과일과 야채, 음료수를 집안으로 옮기느라 다리가 후들거릴 정도다. 이곳에서 한국 식단을 고집하면 장보기가 좀 번거롭다. 물론 한국 식품점에 가면 유제품부터 생선, 육류까지 거의 빠짐없이 구비되어 있다.

그러나 대부분 한국에서 수입되기 때문에 생선의 경우 신선도가 떨어지고 일부 품목은 현지 슈퍼보다 가격이 좀 비싼 경우가 있다. 그래서 되도록이면 현지 슈퍼에서 대체품을 찾아서 쓰고 부득이 대체할 수 없는 것들, 예를 들어 콩나물을 비롯한 토종 채소나 양념류 등을 메모해 두었다가 날짜를 정해서 구입한다. 게다가 남편이 애주가이기 때문에 알코올 전용 매장까지 순례하고 나면 구입한 물건이 산더미 같고 그것들을 정리하는 데도 시간이 많이 걸린다. 도대체 살기 위해 먹는 것인지, 먹기 위해 사는 것이지 분간이 되지 않을 정도인데 이처럼 장보기는 매 주마다 어김없이 치르는 행사다.

고기는 한 끼 먹을 만큼씩 잘라서 냉동실에 보관하고 공산품들은 수납장에 채소나 과일은 냉장고에 넣는다. 그러던 중, 오늘도 어김없이 구입한 그린 빈(Green Bean)이 눈에 띈다. 그린 빈은 채 여물지 않은 콩으로 길쭉한 것이 팥처럼 생겼다. 팥은 제대로 여물면 그 껍질의 색이 누른빛을 띠고 전체적으로 물기가 적다. 잘 여문 팥에 비해 그린 빈의 껍질은 초록색이며 그 속에는 채 자라지 못한 작은 콩알들이 싱그럽고 사랑스럽게 박혀있다.

처음 현지 슈퍼에서 그린 빈을 보았을 때 익지 않은 콩 꼬투리여서 비린 맛이 날거라고 생각했다. 그리고 콩이란 것이 온전히 익어 보리나 밀처럼 잡곡으로 먹어야 하는데 채소로 이용된다는 것이 신기했다. 그런데 자세히 보니 그린 빈만 그런 것이 아니었다. 완두콩도 꼬투리가 형성되면 콩의 숙성 여부와 상관없이 채소로 즐겨먹고 있었다.

어떤 맛일까 궁금해서 조금씩 사서 시식을 했는데 어린 완두콩 꼬투리는 달착지근하며 사각거리는 식감이 일품이요, 그린 빈의 경우는 그 맛이 순하고 부드러워 데치거나 볶음은 물론 색깔까지 예뻐서 고명으로도 제격이었다. 게다가 가격도 싸고 다이어트에 도움이 된다니 난 금방 그 채소의 애호가가 되었다. 이제 그린 빈은 우리 집 냉장고 채소 박스에 콩나물이나 파를 제치고 없어서는 안 될 중요한 품목으로 자리 잡았다.

사람마다 세월이 지나도 바뀌지 않는 것들이 몇 가지 있는데 그중의 하나가 식성(食性)이 아닐까 싶다. 나는 외가가 갯가 근처라서 생선 맛을 알고 고향이 시골이라서 들나물을 좋아한다. 나지막한 산과 드넓은 평야를 배경으로 마을을 이룬 내 고향은 산나물은 귀했고 들나물은 흔했다. 이른 봄의 냉이나, 물가를 좋아하는 미나리, 길섶의 질경이, 민들레 등속이 문밖만 나서면 지천이다.

어린 우리들은 공부는 뒷전이었고 학교만 끝나면 들로 강변으로 나물을 뜯으러 다녔다. 바구니 가득 뜯은 들나물을 엄마는 별 양념 없이 고추장과 마늘만을 넣고 조물조물 무쳤다. 참깨가 귀했던 시절, 고소한 참기름이나 깨소금은 구경조차 어려웠기 때문에 오로지 고추장만으로 맛을 낸 들나물이었지만 거뜬히 밥 한 사발을 비웠었다.

그랬었는데 도무지 이곳에서는 내 고향의 흔한 들나물들을 만날 수가 없었다. 슈퍼마켓에 가면 샐러드용 채소는 즐비한데 정작 내 촌스런 입맛을 달래줄 만한 푸성귀를 찾지 못했다. 그러다가 우연히 산책길에서 민들레와 질경이를 발견했다. 반가움에 얼른 잎을 따서 앞뒤를 살펴보고 향기를 맡으니 외양은 틀림없는 민들레와 질경이인데 과연 이것을 먹을 수 있을까? 무슨 맛일까? 잠시 의심이 가기도 했지만 먹을거리로서의 가치를 떠나 호주에서 그것들을 보니 피붙이를 본 듯 반가웠다.

식물들 특히 들나물은 잡초라서 기본적인 생육 조건만 갖추면 지구상 어디에라도 뿌리를 내리고 자랄 수 있다. 다만 그것들의 효용 여부는 선택에 달린 것인데 나의 경우 그 잡초들은 먹거리를 넘어 고향의 분신처럼 생각되었다. 산책길이어서 마땅한 도구가 없었는데 마침 제법 단단한 나뭇가지가 눈에 띄어 그걸 이용해서 민들레와 질경이를 뜯었다.

공원 가에 서식하고 있는 민들레와 질경이는 아무도 손대지 않아 여기저기 푸릇푸릇 지천이었다. 산책 나온 주민들 중 몇몇이 나의 행동을 보고 그 풀을 무엇에 쓸 건지 관심 있게 물었다. 나는 민들레는 허리 아플 때, 질경이는 감기와 기침에 도움이 되는 풀이라고 어른들로부터 수없이 들은 지식을 전했다.

어떤 이는 지나가면서 신기해하고 어떤 이는 풀에 독이 있을지 모르니 조심하라고 걱정했다. 그제서야 나는 구경거리인 양 쳐다보는 그들의 시선이 부담스러워져 서둘러 그 자리를 떴다. 집으로 돌아온 난 그 맛이 궁금해서 다듬고 삶아 쓴 맛을 우려낸 후, 민들레는 고추장에 무치고 질경이는 기름에 볶았다. 마침내 씁쓰름한 들나물을 씹으면서 향수를 달랠 수 있었다.

이후 그 산책길은 나의 은밀하고도 소중한 장소가 되었음은 물론이다. 뭔가 허전하면 나는 그곳에 들렀고 수북하게 자란 민들레와 질경이를 뜯었다. 때론 민들레 노란 꽃만 꺾어 물끄러미 감상하기도 했다. 처음 몇 번은 실제로 요긴하게 먹기 위해 그것들을 뜯었지만 나중에는 단지 봄만 되면 덧나는 향수병 때문에 그 일에 열중했던 것 같다. 그리고 얼마만큼 시간은 흘렀고 이제 나는 다행인지 불행인지 나물 뜯기를 중단했다. 공원 가를 헤매는 대신 알음알음으로 아시안 채소 정보를 듣고 슈퍼마켓 앞을 기웃 거린다. 그래서 찾아낸 것이 그린 빈이다.

사실, 그린 빈은 내가 좋아하는 들나물과는 여러 가지 면에서 다르다. 우선 들판에서 자생하지 않고 재배되는 채소이며 잎이나 뿌리보다는 열매를 식용으로 한다. 그러나 싸고 쉽게 구입할 수 있다는 것과 끓는 물에 데치거나 기름에 볶는 등 서민적 식용법이 들나물과 비슷하다. 현지 슈퍼나 아시안 식품점에 가면 한 무더기씩 모아 놓고 파는 것이 그린 빈이다. 게다가 가격까지 저렴하니 오늘도 나는 풋내 나는 샐러드 대신 그린 빈을 나물처럼 데쳐서 웅숭깊은 고향의 맛을 즐길 참이다.

김치가 맺어준 인연

정육점에서 오랜만에 승기 엄마를 만났다. 낯선 땅 이곳에선 한국 사람을 만나면 남녀노소 할 것 없이 무조건 반갑다. 더군다나 우연찮게 아는 사람을 만났으니 반가움이 배가 된다. 승기 엄마는 몇 년 전에 알게 된 사람으로 나의 김치 단골손님이었다. 당시 그녀는 입덧이 심해서 친정 엄마의 음식을 그리워했었다. 그러던 중 마침 부업으로 김치를 판매하던 나와 인연을 맺게 되어 지금에 이른 것이다.

이곳은 한국과 다르게 김치를 사서 먹는 사람들이 제법 많다. 김치의 주재료인 무, 배추와 양념류 등이 비싸고 시간이 많이 걸리기 때문에 가족의 입맛에 맞는 포장 김치가 있으면 대놓고 사 먹는 가정 또한 많다. 나 역시 일하는 시간이 많았고 맛내기에 자신이 없어서 값은 좀 비싸도 눈 한번 질끈 감고 편하게 사서 먹고 싶었다. 그러나 불행히도 우리 가족의 입맛에 맞는 김치를 찾을 수가 없었다. 이렇게 김치 맛에 까다로운 이유는 친정엄마 탓이다.

친정엄마의 김치 솜씨는 주변이 인정하는 국보급이다. 자식들 밥상에 행여 김치 떨어질까 철따라 별미 김치를 배달하셨으니 그 맛에 길들여져 까다로울 수밖에 없다. 곁에 없는 친정 엄마의 김치를 그리워만 할 일이 아니었기에 나는 직접 김치를 담그기로 했다. 어릴 적부터 친정 엄마 곁에서 착실한 조수 역할을 했던 터라 약간의 자신감을 갖고 김치 담그기를 시도했다.

결과는 성공적이었고 나는 가족들과 주변사람들의 부추김에 용기를 얻어 두려움 없이 김치를 담갔다. 간혹 실수해서 입맛에 맞지 않는 김치는 돼지고기나 참치캔을 넣어 찌개를 끓이거나 국을 만들면 또 나름대로 맛있는 김치 요리가 되니 맛없다고 크게 걱정할 필요가 없었다. 그러는 사이, 솜씨가 조금씩 늘었고 횟수가 잦아지면서 배추 절이는 시간이라든가 양념의 양이 표준화되어 갔다. 그 결과 친정 엄마의 김치 맛은 아니지만 그 비슷한 맛을 낼 수 있는 정도가 되었다.

그즈음, 함께 일하던 친구가 나에게 김치 판매를 제안했다. 사실 난 이제까지 자라면서 본 것 중 가장 흔한 음식이 김치라서 그것을 판매한다는 발상은 봉이 김선달이 대동강 물을 파는 것만큼이나 황당하게 들렸다. 내 상식으로 김치는 흔한 푸성귀를 양념과 함께 버무려 이웃끼리 한 보시기씩 나누는 정성의 표현이며 정을 도탑게 하는 매개물이었다. 그런데 내 정성이 이윤

창출의 수단이 된다는 현실이 갑자기 슬퍼져서 일언지하에 그 제안을 거절했다.

그리고 '판다'라고 했을 경우, 복잡하고 신경 쓰이는 상품화 과정을 이곳 현실을 잘 알지 못하는 내가 감당하기에는 좀 버거웠다. 그런데 사먹는 입장을 생각해보니 가격도 저렴하고 현지에서 자란 신선한 재료를 이용하니 건강을 위해서도 특별히 나쁘진 않겠다 싶었다. 게다가 우리 가계에 보탬까지 된다면 이보다 더 좋은 부업은 없겠다 싶은 생각이 들어선 선 브리즈번(Sun Brisbane)에 판매 광고를 올렸다.

선 브리즈번은 브리즈번에 살고 있는 한국인들이 주로 이용하는 커뮤니티 사이트다. 구인, 구직은 물론 중고품 판매와 각종 광고, 공고 등 생활에 요긴한 정보들을 교환한다. 광고의 반응은 의외로 좋았다. 나의 고객층은 주로 워홀러 비자나 학생 비자로 이곳에 머무르는 청년층이며 신혼부부들이었다. 그들에게 김치 담그기는 너무 어려운 숙제이며 포장 김치 맛에 질렸던 참에 칼칼하고 시원한 맛, 그리고 문 앞까지 배달해 주고 가격도 저렴하니 금상첨화였다. 내 김치를 한 번 먹어본 고객들은 또 다른 친구를 소개해주고 나는 그것이 고마워서 주문한 김치와 함께 밑반찬들을 주섬주섬 끼워 배달하곤 했다. 그러면 고생한다고 시원한 음료수나 커피를 건네는 친구도 있었으니 그야말로 김치는 돈을 떠나 정을 나누는 수단으로 자리잡아갔다.

승기 엄마도 그중의 한 사람이었다. 젊은 부부가 예쁘고 열심히 사는 모습이 아름다웠는데 배달할 때마다 분에 넘치는 인사를 해서 무척 인상 깊었다. 임신기간 내내 내 김치를 먹던 그녀가 건강한 아들을 순산했을 때, 나는 출산 기념으로 물김치를 넉넉히 담아 선물했다. 고객들의 아낌없는 성원에 부응하기 위해 나는 힘든 줄 모르고 매주 두 박스의 김치를 담갔다. 내가 이용했던 브리즈번 마켓은 한 박스에 배추가 8포기씩 포장되어 있어 두 박스면 16포기로 한국의 웬만한 가정집 김장 수준이었는데 그만큼 단골이 늘었던 것이다. 재료구입부터 배달까지 정신없이 바빴지만 내 김치를 믿는 고객들의 기대를 저버릴 수가 없어서 김치 담그기는 계속 되었다.

그렇게 2년 여 동안 거의 한 주도 쉬지 않고 김치를 담갔지만 결과적으로 살림에 큰 보탬이 되지는 않았다. 다만 우리 가족이 언제든지 신선한 김치를 먹을 수 있어서 좋았고 뜻하지 않은 방문이나 모든 초대에는 으레 김치로 갈음했기 때문에 선물비용을 절감할 수 있는 정도였다. 그리고 한 가지 더, 제법 많은 친구가 생겼다는 것이다.

지금 생각해 보면 당시 김치 담그기는 이윤보다는 소통의 수단이었다. 영어에 주눅 들고, 생계유지를 위해 선택한 생업은 끝없는 육체노동을 종용하며 내 삶을 피폐하게 만들었다. 그날그날 버티기를 반복하던 내게 김치 담그기는 돌파구 역할을 했다. '설령 영어를 못하고 본업이 잘못 되어도 김치 담그기라는 감춰진 재능이 있는 이상 굶지는 않겠다.'라는 터무니없는 배포가 생겼다. 그리고 누군가에게 다소나마 도움을 줄 수 있는 내 자신이 소중했고 잃었던 자존심도 회복할 수 있었다. 한없이 우울했던 내가 거꾸로 만나는 친구마다 따뜻한 격려의 말을 던져 주게 되었으니 결과적으로 돈 몇 푼의 이익에 비할 바가 아니었던 것이다.

폐업 인사를 제대로 하지 못해 지금도 가끔 고객들에게서 김치 주문이 들어온다. 그러면 나는 내 입맛에 맞는 포장 김치를 소개하는 것으로 임무를 대신한다. 그리고 오늘처럼 김치가 인연이 되어 만난 소중한 친구들과 어려웠지만 각별했던 한 때를 회상하면서 녹록치 않은 이민생활에 서로의 언덕이 되고 있다.

깻잎이 있는 밥상

'오늘은 뭘 먹을까?'

어찌 보면 행복한 고민이기도 하지만 단언컨대 세상의 모든 주부는 이 고민으로부터 자유롭지 못할 것이다. 삼시세끼 게다가 간식까지 먹어야 하니 의식주 중 가장 사람을 수고롭게 하는 것이 먹는 문제인 것 같다. 더군다나 우리 가족의 경우 별나게 토종 음식을 즐기는 편인데 이곳에서는 그 별미를 제대로 즐기지 못하니 준비하는 나로서는 끼니마다 신경이 많이 쓰인다.

다행히 고기 값이 한국보다는 좀 싸서 주재료인 고기에 약간의 변화를 주어 일주일에 두세 번 식탁에 올리면 된다. 그런데 문제는 고기를 좀 더 맛있게 하는 부재료인 상추와 깻잎을 손쉽게 구할 수 없다는 거다. 널찍하고 싱싱한 상추나 깻잎을 손바닥에 척 올리고 주재료인 고기와 마늘, 양파를 쌈장에 콕 찍어 쌈을 싼다. 그러면 수라상이 부럽지 않은데 이곳에선 상추와 깻잎을 마음 놓고 먹기에는 가격이 좀 비싼 편이다.

한국이라면 집집마다 텃밭에 빼놓지 않고 심는 것이 상추다. 병충해도 없고 웬만큼 가물지 않으면 수북수북 잘도 올라와 밑에서부터 조심스럽게 뜯어 고추장만으로도 밥 한 그릇 뚝딱 비울 만큼 친근한 채소다. 상추보다 쓰임새가 더 많은 깻잎은 텃밭 가장자리나 장독대 옆의 빈자리에 구석구석 알뜰하게 심는다. 그러면 여름내내 쌈 채소로는 물론, 육개장, 매운탕 등 각종 탕의 비린내, 누린내 등 잡냄새를 없애주고 밥상머리를 향기롭게 해준다. 뿐만 아니라 지루한 장마철 애호박과 어울린 깻잎 부침은 한국인이라면 누구나 마다하지 않는 비오는 날의 별미다.

그랬던 상추와 깻잎이 이곳에서는 귀한 몸이니 이를 대신할 만한 채소를 찾아야했다. 그러던 중, 이곳 사람들이 즐겨 이용하는 양상추와 코리엔다(Corienda)를 알게 되었다. 당장 시험 삼아 토종 반찬에 접목해 보았다. 그러나 미나리와 비슷하게 생긴 코리엔다는 독특한 향 때문에 손이 가지 않았고 양상추는 쌈 채소와 겉절이는 그런대로 적합했는데 은연 중 깻잎에 대한 고집이 있어 맛있게 즐기기에는 한계가 있었다.

그래서 불현듯 자급자족하겠다는 생각에 이르렀는데 농부의 딸이어서 농사라면 은근히 자신이 있던 터였다. 비록 작지만 심을 만한 땅도 있겠다, 어차피 수고하는 김에 좀 넉넉히 심어 친구들과 나누면 소위 말하는 무공해라 건강에도 좋을 것 같아 마음을 굳혔다. 우선 바람이 잘 통하고 흙이 기름진 곳을 골라 터는 잡았는데 정작 중요한 씨앗을 구할 수가 없었다.

집안의 문제 해결 장소인 버닝스(Bunnings)의 씨앗코너를 샅샅이 뒤졌지만 딱히 우리나라의 토종 상추씨는 없고 들깨 씨는 아예 그 비슷한 것도 찾을 수 없었다. 참고로 이곳에 사는 아시안들은 화단을 이용하여 토종채소나 과일을 재배하는 가정이 많다. 그래서 조금만 관심을 가지면 재배법은 물론 씨앗을 어렵지 않게 구입할 수 있기 때문에 주변에 수소문했다. 그랬더니 들깨의 경우 조금 자라기 시작하면 메뚜기 떼가 극성을 부리고 토종 상추는 햇볕이 너무 뜨거워 생각만큼 쉽지 않다는 경험담만 들려왔다.

그래도 쉽사리 포기가 어려워 한국의 동생에게 들깨 씨앗을 부탁했다. 종자(種子)의 경우 정상적으론 국경을 넘을 수가 없기 때문에 약간의 속임수를 썼다. 들깨씨 다섯 알을 넣은 봉투를 여러 개 만들어서 책 속에 분산시켜 보내라고 부탁했다. 중국에서 목화씨를 몰래 반입했던 문익점 선생의 '붓 뚜껑' 수법을 따라해 본 것이다. 문익점 선생의 경우 추위에 떠는 백성들을 위한다는 거룩한 대의명분이 있었지만 나는 고작 왕성한 식욕 때문에 가당치 않은 짓을 한 것이다.

EMS를 이용하면 일주일 내에 도착하던 우편물이 열흘이 걸려 겨우 도착했다. 우편물을 기다리는 내내 초조했는데 결국, 기다리던 들깨 씨앗은 압수되었고 해외에서 반입할 수 없는 물품 리스트만 안내장과 함께 들어 있었다. 순간 부끄럽고 미안했으며 작정하고 숨긴 그 작은 씨앗을 보란 듯이 찾아낸 이 나라 우편 행정에 혀를 내둘렀다. 그리고 계획했던 것이 너무 꼬이고 어렵게 돌아가는 것은 인연이 아니라는 생각이 들어 들깨 심기를 미련 없이 포기했다. 그런데 우연찮게 아주 가까운 곳에서 한 줌의 들깨 씨를 얻게 되었다. 너무 반가워서 우리 부부는 식탁에 앉아 그 작은 들깨 씨앗을 일부러 세어 보기까지 했을 정도다.

설레는 마음으로 씨앗을 한 알 한 알 정성스럽게 땅에 묻었다. 그리고 아침저녁 열심히 물주기를 했더니 며칠 후, 빼곡하게 싹이 돋았다. 그 어린 싹을 마주하면서 생명의 경이로움과 땅의 정직함에 숙연함을 느꼈다. 비록 어린 싹이지만 향기는 제법 은은했고 토양이 기름져서인지 성장 속도도 빨랐다. 우리 부부는 행여 한 개라도 다칠까봐 조심스럽게 모종을 마쳤다.

한줌의 씨앗에서 발아한 싹은 생각보다 많아서 제법 넓은 공간을 차지했다. 확실하게 터를 잡은 싹들은 자라는 속도가 부쩍 빨라져서 어느새 아이 손바닥 크기의 잎을 가진 의젓한 들깨가 되었다. 깻잎을 처음 먹던 날, 남편은 소복하게 놓인 식탁 위의 깻잎을 사진 찍어 친구들에게 전송하면서 자랑하기에 바빴다. 어렵게 성취한 결과물이라서 보기만 해도 배부른 날이었다.

한국에서 살 때는 너무 흔해서 귀하다는 생각을 못했던 식재료들이 이곳에서는 소중하고 귀하다. 그것들의 효용 가치를 떠나서 들깨와 상추가 있는 화단을 보면 넉넉한 고향의 품에 안긴 것처럼 위안을 받곤 한다. 그런데 최근, 들깨 밭에 작은 메뚜기들이 그 향을 즐기러 왔다가 일부 뜯어 먹기도 한다. 우리 부부는 메뚜기를 보면 손을 휘휘저어 임시방편으로 쫓기만 하는데 뒤돌아서면 다시 제자리에 태연하게 앉아 두리번거리며 뜯어 먹는다. 애당초 들깨를 심으면 메뚜기가 올 거라는 것을 경험자들로부터 들어 알고 있었기 때문에 크게 개의치는 않는다. 다만 화단의 다른 식물에 피해를 주지 않아 메뚜기도 우리도 행복하기를 바란다. 오늘도 나는 들깨 주변을 서성거리며 고향의 맛과 정취를 음미하고 있다.

내 사랑 버닝스 웨어하우스

"당신 지금 어디야?"

"응, 야외 꽃 코너에 있어. 이쪽으로 와요."

오늘도 우리 부부는 버닝스 웨어하우스(Bunnings Warehouse)에서 숨바꼭질을 하고 있다. 버닝스 웨어하우스는 진한 초록 바탕에 붉은 망치가 단순하게 디자인 된 간판이 상징하듯 주거용품 전문 매장이다. 이곳은 모든 건축 자재를 구비하고 있다 해도 과언이 아닐 정도의 규모를 자랑한다. 처음 이곳을 방문했을 때 품목 별로 세밀하게 분류해서 진열해 놓은 물건들이 너무 많아서 입이 딱 벌어질 정도였다. 물건의 구색뿐만 아니라 소비자의 눈높이에 맞춘 합리적인 판매 방식 때문에 우리 부부는 어느새 이곳의 열렬 팬이 되었다.

이 매장의 합리적인 판매 방식이란 예를 들어 목재가 필요하면 매장에서 고객이 원하는 크기만큼 즉시 잘라서 판매한다. 페인트의 경우 기성 제품 중에 원하는 색상이 없을 경우에는 다시 혼합해서 가급적 소비자가 원하는 색상을 만들어 판매한다. 게다가 식물 코너에는 직원들이 식물에 대한 기본 상식을 가지고 있어서 소비자들이 궁금해 하는 여러 가지 문제점에 대해 적절한 조언을 아끼지 않는다.

한 번은 우리 집 화단의 관상수들이 잎이 오그라들면서 검게 변하기 시작했다. 만약, 방치하면 다른 식물에 전염될 가능성이 있어 해결방법을 찾던 중 버닝스 매장이 생각났다. 그런데 문제는 그곳 직원들과의 원활한 소통이 어렵다는 것이었다. 물론 이곳 직원들은 웬만하면 고객의 의견을 끝까지 경청하는 자세를 갖고 있다. 그러나 부탁하는 내 입장에서는 바쁜 직원을 붙잡고 서투른 영어로 내 볼 일만 중요하다고 생각하는 상황이 민망해서 나름대로 이런저런 해결 방안을 궁리했다.

그러다가 문득 실물을 보여주는 것이 어설픈 대화보다 낫다는 생각이 들어 병든 잎 몇 장과 문제의 관상수 주변을 꼼꼼히 사진 찍어 가지고 갔다. 식물코너의 직원은 잎을 보더니 대뜸 현상을 알아보면서 약품을 권했다. 그리고 그 직원은 우리가 미덥지 않았던지 약품과 물의 비율을 설명서대로 희석하여 바로 사용할 수 있도록 친절을 베풀었다. 이렇게 소비자의 입장이 되어 해결책을 제시해 주고 더불어 감동과 자신감까지 안겨주니 어떻게 버닝스를 외면할 수 있겠는가?

오랫동안 아파트 생활에 익숙해 있던 우리 부부는 그동안 집

수리는 으레 전문가들만의 영역으로 생각했다. 그런데 이곳은 시내를 제외하고는 단독주택이 많고 게다가 인건비가 비싸기 때문에 일일이 전문가의 손을 빌리다보면 웬만큼 넉넉한 살림이 아니고는 감당하기가 버거운 실정이다.

사정이 이렇다보니 이곳 사람들은 주택의 보수와 관리를 스스로 해결한다. 심지어 우리 집 주변에는 80대 할머니들도 기계를 이용해 스스로 정원의 잔디를 깎을 정도다. 그리고 초보자들에게 기본적인 주택관리를 지도해 주는 교육기관도 많다. 본인이 시도해 보려는 의지만 있으면 해결할 수 있도록 도움을 주는 곳이 곳곳에 많다. 다행히 남편은 공대 출신이고 호기심도 많아 까다로운 공사만 아니면 경험삼아 무엇이든 스스로 하려는 도전정신이 강한 사람이다. 때마침 알게 된 버닝스 웨어하우스는 두말 할 나위 없이 남편에게 집 관리에 대한 친절한 지도자 역할을 하고 있는 것이다.

평소 쇼핑 기피증이 있는 남편도 이곳만은 예외다. 우리는 우선 꼭 필요했던 품목을 구입한 다음, 나머지 시간은 각자 관심 코너로 이동하여 시간 가는 줄 모르고 몰두한다. 남편이 선호하는 코너는 집 관리 상태에 따라 그때그때 다르고 나는 주로 청소용품과 정원 가꾸기에 필요한 용품들을 살펴본다. 잔디 깎는 큰 기계부터 내 손에 알맞은 호미, 모종삽, 장화까지 도열하듯 진열되어 있는 상품들을 보면서 품평회를 시작한다. '이 호미는 가벼워서 우리 엄마 쓰시기에 참 좋겠다.', '이 비료는 꽃전용 비료라서 아버지가 보시면 반가워하시겠다.' 등 물건의 쓰임새와 함께 이런저런 생각을 하면서 좀처럼 흥분을 가라앉히지 못한다.

씨앗코너를 돌다가 문득 고향에서 볼 수 있었던 채소나 기타 곡물 씨앗을 발견하면 소풍날 보물찾기의 기쁨처럼 반갑다. 한 바퀴 둘러보고 만져보고 우리 집에서의 용도를 생각해본다. 그러다가 가격이 비싸면 슬그머니 내려놓길 반복하면서 발걸음을 자연스럽게 야외 꽃 코너로 옮긴다.

야외 꽃 코너의 규모는 내부의 1/3정도 되는데 꽃도 많고 사람도 많다. 내가 이곳을 자주 찾는 이유는 꽃 감상은 물론, 그 영어 이름이 궁금해서이다. 꽃에 관심이 많은 나는 영어 이름이 궁금해서 관련 책을 찾아보기도 하지만 나의 굳은 두뇌는 도무지 협조를 하지 않으니 진전이 없다. 그런데 이곳을 다니기 시작하면서 꽃 이름 알기가 더 이상 암기 학습이 아닌 체험이 되었다.

진열된 모든 꽃은 가격과 이름표를 달고 있기 때문에 간단하게 사진에 담아오면 된다. 워낙 생소한 이름들이라 한꺼번에 알기는 어려울 것 같고 시간을 두고 자주 접하면 자연스럽게 익혀지리라는 옹색한 위로와 함께 열심히 사진을 찍는다. 그러다가 가끔 책에서만 읽고 보던 귀한 꽃들을 만나기도 하는데 아네모네도 그렇게 인연이 되어 지금 그 아름다운 색으로 우리 집 화단을 장식하고 있다.

언뜻 보기에는 사계절이 뚜렷하지 않은 곳이어서 매양 같은 꽃이 피고 지는 것처럼 보인다. 하지만 같은 일년초라도 엄연히 계절의 변화가 있음을 꽃 코너에서 느낀다. 꽃 높이에 따라 쪼그리기도 하고, 까치발을 들고 어렵사리 꽃 얼굴의 사진도 찍고 그러다가 상품가치가 떨어져 헐값에 파는 화분에 시선이 머물면 남편의 잔소리도 아랑곳하지 않고 주머니 털어 또 한 점 사가지고 온다. 매장에 있을 때는 천덕꾸러기 신세지만 우리 집에 오면 모두 어울려서 자신의 모습에 걸맞게 제 몫을 톡톡히 한다.

최근 잦은 이용과 뜨거운 태양 탓에 나무 계단에 균열이 많아졌다. 예전 같았으면 걱정부터 했을 문제인데 남편은 흥미 있는 오락거리를 만난 듯 균열의 현상을 비교적 자세히 사진 찍고 있다. 나는 화단을 기웃거리면서 오렌지 나무와 망고 나무 사이 간격을 가늠하고 있다. 나무와 나무 사이를 알뜰하게 이용하면 아보카도 나무 한 그루쯤은 충분히 심을 수 있고 과일나무 밑에는 키 작은 일년초들을 심을 수 있겠다는 계산을 하고 있다. 그리고 이번 주말에는 실랑이 없이 유쾌하게 버닝스 매장을 순례할 것이며 남편은 균열 간 나무 계단을 정성스럽게 코팅할 것이다. 나는 튼튼한 아보카도 나무 한 그루 심으면서 그 신기한 열매를 상상할 것이다. 버닝스 웨어하우스가 우리 곁에 있는 한 복잡하고 귀찮은 노동도 흥미진진한 놀이일 뿐이다.

물주머니를 끌어안다

한국은 삼복더위가 한창이라고 한다. 한국의 여름은 기온이 높은데다 습도까지 더해서 후텁지근하고 끈적거리며 열대야로 잠 못 이루는 밤 또한 많다. 이런 더위도 아랑곳하지 않고 눈만 뜨면 논두렁과 밭머리를 떠나지 않는 엄마에게 자식들은 시간마다 전화해서 바깥출입을 단속하고 있다. 더운 한낮에 노약자가 밖에 나가면 불상사가 생길 수 있기 때문이다. 그럴 때마다 엄마는 벼가 아직 이삭도 패지 않았으니 여름이 지나려면 아직 멀었다는 뜬금없는 대답만 한다. 나는 농담 반 진담 반으로 겨울인 호주로 피서 오시라고 권해 본다. 절대 못 간다고 서너 가지 이유를 나열하시는데 듣고 보면 결국 기르는 가축과 논 밭 작물 때문이다. 핑계는 그렇지만 정작 호주에 못 오시는 이유는 바쁜 우리 가족에게 행여 짐이 될까 조심스런 마음이라는 것을 나는 안다.

한국의 폭염과는 반대로 내가 사는 이곳은 한겨울이다. 하루 평균 최저기온 7~10도 정도, 최고기온 20~25도로 겨울이라지만 밝은 햇빛이 따사로우며 활동하기 적당한 날씨다. 따라서 일부 식물들은 봄처럼 새싹이 돋기도 하고 꽃도 피우며 더디지만 성장을 유지한다. 다만 실내에는 난방 장치가 없기 때문에 춥다. 한국의 겨울이 살을 에는 듯한 추위라면 이곳의 겨울은 으슬으슬 떨려 이불에서 나오기 싫을 정도의 추위다.

이민 첫 해에는 이 기후에 적응이 되지 않아 뼛속까지 시린 추위를 피해 햇볕 잘 드는 공원이나 차 안에서 잠깐씩 몸을 녹이기도 했다. 물론 가정마다 냉, 난방 겸용 에어컨이 설치되어 있어 전체적인 집안 공기를 훈훈하게 만들기는 했다. 그러나 이 겸용 에어컨은 공기만을 따뜻하게 데우기 때문에 보일러에 익숙한 우리 가족에게는 성이 차지 않았다. 더군다나 구들장의 편안한 온기를 아는 나는 에어컨이 만들어내는 인위적인 바람이 답답하고 부담스러워 잠깐씩 사용하고 이내 꺼 버렸다.

그리고 시린 어깨와 무릎, 뼛속을 시골의 아랫목처럼 찜질해줄 히터(Heater)를 방마다 준비했다. 그러나 히터 역시 일정 부위를 뜨겁게 해줄 수는 있어도 내가 원하는 은근한 따뜻함을 주지는 못했다. 더군다나 히터는 열을 뿜는 대신 주변의 모든 물기를 흡수하는 듯 입술이 갈라지거나 목이 아프기도 했으며 전기료도 만만치 않아 편하게 사용할 수 없었다. 하는 수 없이 집에 있으면 옷을 조금 더 챙겨 입었다. 평상복 위에 조끼나 스웨

터를 입고 간단한 스카프를 두르면 활동하기에 그다지 불편하지 않고 그런대로 따뜻하게 지낼 수 있었다.

그렇게 추위를 견디고 있는데 근처에 사는 젊은 친구가 가운의 일종인 로브(Robe)와 고무로 만든 소형 물주머니를 소개했다. 따뜻해진다는 말에 귀가 번쩍 띄어 바로 구매하러 매장에 들렀다. 로브는 얼핏 보아도 촉감이 보드랍고 담요처럼 따뜻해 보였으며 디자인과 색상도 예뻤다. 그런데 가로 15㎝, 세로 30㎝크기에 물을 담을 수 있는 주둥이와 마개만 있는 작은 고무주머니는 크기와 가격 면에서 특별히 신뢰가 가지 않았다. 적어도 사람 몸에 온기를 부여할 수 있으려면 좀 크고 가격도 보통 전열기구처럼 2~3만 원 대는 해야 할 것 같은데 한국 돈으로 오천 원 정도였다.

실물을 보고 미심쩍어 하는 나와는 달리 남편은 군대에서 비슷한 원리로 만든 알루미늄 통을 본 적이 있고 고무로 만들었기 때문에 물의 온기가 더 오래갈 수 있을 거라며 논리적으로 내게 설명해 주었다. 남편의 설명과 이미 사용해본 사람이 효과를 검증한 터라 로브와 물주머니를 식구 수대로 사가지고 왔다. 평상복 위에 로브를 걸쳐 입은 가족들의 모습은 통통한 눈사람처럼 보였는데 외모야 어떻든 웃풍(風)에 시린 어깨를 감싸주니 더 없이 포근하고 따뜻했다.

뒤이어 남편은 큰 의식을 치르는 사람처럼 심각한 얼굴로 펄펄 끓는 뜨거운 물을 조심스럽게 물주머니에 부은 후, 공기를 빼고 마개를 닫아 마무리 하였다. 그리고 뜨거운 물주머니 몸체를 수건으로 감싸서 식구들에게 하나씩 선물했다. 남편으로부터 물주머니를 건네받는 순간, 추운 겨울날 먼 길을 나설 때, 불에 잘 달군 돌을 감싸서 주머니에 넣고 다녔다는 옛사람들의 지혜가 생각났다. 그리고 집집마다 사람들을 이롭고 편리하게 만드는 기계가 무수히 많은데 과연 이런 재래 방법이 무슨 효과가 있을 지 의문스러웠다.

남편은 이 원리를 안다는 이유로 물주머니의 홍보대사인 양, 자청해서 식구 수대로 물을 담고 우리 앞에서 사용법을 선보였다. 작은 물주머니는 욕심껏 담은 물로 인해 배불뚝이가 되어 움직일 때마다 찰랑거리는 소리를 냈다. 그러면서 배, 무릎, 목 신체의 어느 부위든 차별과 부작용 없이 골고루 편안하게 그 진가를 발휘했다. 게다가 찜질 기능까지 있어 배가 아프거나 무릎, 어깨 등 통증이 있을 때 그 부위에 대고 있으면 통증을 완화시키기도 했다. 저녁이 되면 우리는 볼록해진 물주머니를 끌어안고 책을 읽거나 TV를 보며 대화를 했다. 그리고 소중한 사람처럼 끌어안고 온기를 느끼며 기분 좋게 잠자리에 들었다.

밤새 우리를 추위로부터 보호해준 뜨거운 물은 아침이 되면 미지근해진다. 남편은 이불 속에 누워있는 물주머니들을 수거하여 물을 한 곳에 모은 후 화초에 뿌리는 알뜰함까지 더한다. 물을 끓여 주머니에 조심스럽게 붓고, 식은 물을 한 곳에 모아 화초를 키우는 일련의 행동들이 때론 귀찮을 수도 있다. 그러나 우리 가족은 스위치만 누르면 혜택을 누릴 수 있는 기계화에서 탈피하여 서로를 챙겨주는 따뜻한 마음을 나누고 자원을 재활용하고 있으니 소박하나마 지구 사랑을 실천한다는 자부심을 느낀다.

최근 어린 자녀를 키우는 가정에서는 침대 위에 난방 텐트를 설치한다고 한다. 천정이 높은 호주의 주택은 웃풍이 센데 이것을 설치하면 바람을 막아 아늑할 뿐만 아니라 아이들이 정서적으로 안정감을 느낀다고 한다. 덧옷을 입거나 물주머니와 난방 텐트의 사용은 재래적인 방법이기는 하지만 지나치게 의존했던 기계 문명을 떠나 웰빙(WellBeing)하는 작은 실천이다. 그래서 이 겨울, 우리들의 작은 실천이 더 값지고 따뜻하게 느껴진다.

물탱크가 있는 집

이 나라의 주택을 유심히 살펴보면 화단 근처에 집 크기와 비례하여 물탱크(Water Tank)가 설치되어 있다. 이곳은 비가 많지 않고 그나마 여름 한 철 자주 내리는데 이 귀한 비를 그냥 도랑으로 흘러가게 하지 않고 물탱크에 저장하는 것이다. 이렇게 저장된 물은 물 값 비싼 이 나라에서 화단의 식물을 키우거나 이런저런 옥외 활동에 큰 도움을 준다. 그래서 집을 매매할 때 에어컨과 함께 물탱크 설치 여부가 집값에 반영되기도 한다. 우리 집의 경우 전 주인이 전기 기술자여서 생활에 필요한 시설들을 꼼꼼히 갖춰 놓은 편인데 옥외 생활에 관심이 없어서인지 물탱크는 없었다.

화단 가꾸기가 취미인 우리 부부는 아침에 물주기로 시작해서 해질 무렵 한 차례 더 물을 주는 것으로 하루를 마감할 정도이니 물세가 보통 가정집보다 훨씬 많이 나왔다. 그렇다고 성장하는 식물들의 갈증을 외면할 수는 없어서 물주기 대신 천막을 이용하여 그늘을 만들고 수분의 증발을 막기 위해 멀치(Mulch)로 표면을 꼼꼼히 덮어 주었다. 그러나 나름대로 대지의 촉촉함을 유지하려 애써도 하루에 한번 물주기는 꼭 필요했다. 그래서 개수대 옆에 큰 통을 비치해 놓고 허드렛물을 모아 이용하는 등 방법을 모색했으나 물통을 들고 이층을 오르내리는 수고가 만만치 않아 며칠 못가서 포기하고 말았다. 결국 우리는 물탱크를 구입하기 위해 시장조사를 했다.

물탱크의 재질은 보통 스틸(Steel)과 플라스틱이며 형태는 원통형과 좁은 공간을 효율적으로 이용할 수 있는 사각형 등이 있다. 용량은 340L부터 37만L까지 다양했는데 가정집의 경우 일반적으로 3천~5천L 정도의 크기를 많이 사용한다고 했다. 그 밖에 물탱크에 저장된 물을 효율적으로 이용할 수 있는 모터와 계량기들을 구비하게 되면 $1,000 정도의 예산이 추가로 필요했다. 우리 집의 경우, 집과 화단이 크지 않기 때문에 1천L 정도면 충분하다고 생각했는데 남편은 물탱크는 클수록 좋다며 큰 것을 사고 싶어 했다.

그러다가 어느 날, 동네 초입에 사는 노인이 5천L 물탱크를 $600에 판다는 광고를 보았다. 남편은 대만족하여 당장 그 큰 물탱크를 샀고 높이 1m 90에 지름이 2m 정도 되는 원통형의 그것은 회사 직원 대여섯 명의 도움으로 겨우 담을 넘어 어렵게 우리 집으로 왔다. 문제는 지붕의 홈통과 물탱크를 연결하는 작업이었다. 지붕과 물탱크와의 간격도 고려해야하고 곡선 부분도 있어서 기술자의 도움이 필요할 듯싶은데 남편은 본인이 충분히 할 수 있는 작업이라며 스스로 해보길 원했다.

마침 사태를 파악한 빌더(Builder)인 뒷집 폴(Paul)할아버지의 설명과 조언을 참고하면서 연결 작업은 시작되었다. 크기에 맞게 자르고 이음새 부분은 별도의 관을 구매하여 맞추고 며칠 동안 뚝딱 거리면서 분주하더니 일단 연결 작업을 마무리했다. 지켜보는 나는 연결 작업의 성공 여부에는 별로 관심이 없었다. 다만 일방적으로 남의 손을 빌리지 않고 무엇이든지 열심히 연구하면서 스스로 노력하는 남편의 자세와 열정이 소중해서 그날그날 작업 상황을 이야기하면 맞장구 쳐주는 정도였다.

연결 작업을 마친 남편은 자신의 성과물에 대한 성공여부를 확인하고 싶어서 어느 때보다도 간절히 비를 기다렸다. 그가 기다리는 비는 대지를 촉촉이 적시는 수준의 비가 아니라 주룩주룩 지붕을 타고 홈통을 거쳐 그 연결된 관을 질주하여 마침내 목적지인 물탱크에 폭포처럼 시원하게 쏟아지는 그런 기운의 비를 기다렸다. 그러나 봄비는 새싹처럼 여리고 부드럽게 밤새 살며시 내려 그를 번번이 감질나게 했다.

그러던 어느 새벽, 우르릉 쾅쾅 소리와 함께 기다리던 폭우가 쏟아졌다. 남편은 애주가여서 적당한 취기와 함께 잠이 들기 때문에 어지간한 큰소리가 아니면 잘 듣지 못하는데 그날만은 예외였다. 벌떡 일어나 물탱크 상태를 확인 차 나갔던 그는 꽤 시간이 흘렀는데도 돌아오지 않았다. 무슨 일이 생겼나 싶어 비 오는 밖을 쳐다보던 나는 그만 웃지 않을 수 없었다. 그가 공들인 연결관 한 쪽이 폭우를 견디다 못해 떨어지는 바람에 그 세찬 물줄기가 고스란히 1층 창고 쪽으로 질주하고 있었다.

1층 창고는 삽시간에 물바다가 되어 보관하고 있던 물건들이 젖었고 남편은 임시방편으로 연결 관을 화단 쪽으로 돌리느라 물에 젖은 생쥐 꼴이 되었다. 그 새벽에 그는 모처럼 내리는 큰 빗물이 아깝다는 생각을 했는지 플라스틱 통과 양동이 등 빗물을 받을 만한 것들이라면 모두 화단에 내놓았다. 난 양동이에 떨어지는 빗소리를 들으면서 그 소란 중에도 잠깐, 자랄 적 빗물의 고마움에 대해 생각했다.

수도가 없었던 우리 집은 사용할 물을 이웃집에서 길어다 썼다. 2~3일 만에 한 번씩 물지게를 이용하여 물 긷는 일은 힘들었기 때문에 식구들은 너 나 할 것 없이 최대한 물을 아껴 썼다. 세숫물에 발 닦고 걸레 빨고 볼 일을 마친 물은 화단에 뿌려졌다. 그러다가 비가 오는 날이면 물 잔치 날이어서 처마 밑으로 장독대의 단지가 총출동했다. 단지를 가득 채우고 넘치는 물이 아까워 밀린 빨래와 장독대 청소는 물론 아버지의 하얀 고무신과 장화까지 싹싹 닦아 댓돌 위에 나란히 엎어 놓았다. 그렇게 비가 오면 며칠 동안 집안에 물이 풍족해서 물 긷는 수고를 줄일 수 있었다.

지금은 집집마다 수도 시설이 있어 풍족하게 물을 쓸 수 있는 편리한 세상이 되었다. 그러나 지나친 물 사용은 물 부족 사태에 이르렀고 급기야 가정마다 높은 물세를 지불하고 있는 실정이다. 그나마 다행인 것은 최근 빠르고 편리한 삶보다는 좀 더디고 불편해도 환경을 생각하는 사람들이 크게 늘어났으며 이곳 정원 한 귀퉁이의 물탱크 역시 그런 의식의 반영물이라고 할 수 있다.

며칠 후, 이웃 할아버지로부터 실패의 원인을 자세히 들은 남편은 보완 작업을 마무리 했고 그 다음 번 폭우에는 그의 바람대로 많은 비를 물탱크에 저장할 수 있었다. 들락날락 물 저장 상태를 확인한 남편은 "어젯밤에 비가 많이 왔나봐. 벌써 물탱크의 20% 정도가 찼어."라며 은행 계좌에 현금 쌓인 것처럼 행복해 했다.

우리 집 물탱크는 아직 계량기가 없어서 저장 상태를 확인하려면 사다리를 올라가 컴컴한 물탱크 안을 살펴야하는 번거로움이 있다. 또한 펌핑(Pumping) 장치가 없어 호스를 이용한 직접 분사(噴射)는 어렵고 물뿌리개에 물을 받아서 사용해야 한다. 애써 마련한 물탱크를 단지 물 저장 기능으로만 사용하지 말고 펌핑 장치를 설치하여 효율적으로 사용하자는 나의 제안에 남편은 이렇게 말했다.

"자꾸 기계에 의존하는 것은 좋지 않아. 단순한 것이 가장 좋은 거야. 펌핑 장치 없어도 잠금 장치만 열면 물은 아래로 흐르기 때문에 얼마든지 사용할 수 있어. 물뿌리개를 이용해서 물주기를 하면 왔다 갔다 운동 삼아 좀 좋아?"라며 태연하게 되받았다.

그러면서 남편은 거대한 원통형 물탱크를 큰 보물이나 되는 듯 쓰다듬기도 하고 사다리를 오르내리면서 물의 양을 체크한다. 그리고 꾸준히 물뿌리개를 이용해서 하루에도 서너 차례씩 운동 삼아 열심히 물주기를 하고 있다. 물탱크 하나로 사람도 자연도 지구도 건강해지는 환경 친화적 삶을 실천하고 있는 것이다.

수라상 부럽지 않아요

오늘도 남편은 좋아하는 샤브샤브를 먹기 위해 부엌을 드나든다. 수저와 젓가락 그리고 배추와 쑥갓을 비롯한 신선한 야채는 물론 부재료인 두부나 칼국수 따위를 식탁으로 옮긴다. 힐끔 한 번 내 눈치를 살피면서 슬며시 술잔을 놓고 펄펄 끓는 육수가 담긴 전골냄비를 바라보며 얼굴은 벌써 와인 몇 잔 걸친 듯 행복해 보인다.

결혼한 지 만 28년이 되었어도 나는 남편의 식성을 제대로 알지 못했다. 원래 마른 체질의 그는 특별히 좋고 싫어하는 음식 없이 새처럼 아주 조금만 먹었다. 게다가 직장에서 점심과 저녁을 해결했고 나는 국과 김치 혹은 계란 프라이가 있는 간단한 아침 식사만을 준비했기 때문에 더더욱 그의 식성을 알기가 어려웠다. 그러다가 이민 와서 24시간을 거의 함께 있다 보니 자연스럽게 그의 식성을 알 수 있게 되었는데 놀랍게도 남편은 고기를 무척 좋아했다.

시골에서 자란 나는 푸성귀를 좋아하며 고기보다는 생선을, 국보다는 찌개를 좋아하는데 비해 남편은 모두 나와 반대였다. 그는 다른 것은 모두 내 입맛에 맞출 수 있는데 다만 2~3일에 한 번씩 고기가 있는 밥상을 제안했다. 세계적인 육류 수출국인 이곳은 고기 값이 비교적 싸고 고기 식단은 생각보다 준비가 수월하기 때문에 순순히 동의했다. 그러면서 한편으로는 지구 환경 보전이나 성인병 문제로 채식주의자들이 늘어나는 추세인데 우리 집 식단은 이를 역행하는 것 같아 찜찜한 생각이 들기도 했다. 그러나 워낙 깡마른 사람이 육체노동을 버티려면 질 좋은 동물성 단백질이 꼭 필요하겠다는 생각이 들어 두툼한 스테이크용 고기를 각종 채소와 함께 굽거나 볶아서 식탁에 올렸다. 그런데 남편이 원하는 고기 식단은 질기고 두툼한 소고기가 아니고 얇고 부드러운 돼지고기 즉 삼겹살이 있는 식단이었다.

하루의 일과를 마치고 식탁에 불판을 올려놓은 채 구워먹는 삼겹살과 신 배추김치의 환상적인 조합에 소주 한 잔 곁들이는 그 풍경을 남편은 그리워하고 좋아했던 것이다. 거기에 소주잔을 함께 기울일 누군가가 있으면 더 좋으련만 아이들도 나도 그럴 처지가 못 되어 남편은 번번이 혼자서 삼겹살을 먹었다. 비록 혼자만의 삼겹살 파티였지만 그는 만족했고 기본적인 재료만 구비해 놓으면 추가로 필요한 것들은 스스로 챙겨먹으니 나 역시 만족했다.

그런데 시간이 지나면서 이 식단의 문제점이 노출되었다. 우선 삼겹살은 지방 함량이 높을 뿐만 아니라 남편의 삼겹살 취향은 튀김처럼 바삭하게 굽거나 태우기 때문에 건강에 해로울 것 같았다. 더군다나 삼겹살과 함께 혼자 즐기는 술은 자제가 어려워 일상에 지장을 초래하기도 했다. 저녁 내내 야금야금 혼자서 즐긴 삼겹살의 불판이나 기타 집기류들은 시간이 좀 지나면 기름이 허옇게 표면에 달라붙어 있어 설거지가 힘들고 주변은 기름기로 미끈거렸다. 그래서 삼겹살 대신 생각해낸 것이 소고기를 이용한 샤브샤브였다.

샤브샤브의 주재료인 얇은 살코기는 이가 튼튼치 않은 남편이 씹는데 크게 무리가 없으며 지방 대신 질 좋은 단백질을 섭취할 수 있었다. 그리고 굽는 것보다 끓는 물에 익히니 위생 상 깔끔하고 함께 먹는 푸성귀 역시 첨가물 없이 자연 그대로를 이용하니 오롯이 그 맛을 즐길 수 있었다. 쑥갓, 배추, 숙주와 같은 야채는 물론 두부나 해산물들을 더해 골고루 영양소를 섭취했고 남은 국물에 곡류를 넣으면 간단하게 한 끼 식사를 해결할 수도 있었다.

샤브샤브용 고기는 호주 내 일반 마트에서는 살 수 없기 때문에 한국마트에서 구입하고 야채는 되도록 우리 집에서 자라는 것들을 이용했다. 샐러드에 많이 쓰이는 비트루트(BeetRoot) 잎과 배추, 부추, 쑥갓 등이 이틀에 한 번씩 밥상으로 올라왔다. 우리의 취미 생활이 건강과 가계부에 연결되니 별것 아니지만 큰 기뽑이 되었고 기름기가 별로 없어 설거지 또한 간편했다. 각자 좋아하는 야채를 끓는 국물에 데쳐 겨자 섞은 칼칼한 간장 소스를 찍어 먹는 재미도 일품이어서 우리는 어느새 샤브샤브 애호가가 되었다.

지금은 어떤지 모르겠지만 2000년대 한국의 친교 문화는 보통 식당에서 이루어졌다. 나의 경우, 집에서 만나면 분위기는 좀 편할 수 있었지만 집안 청소부터 요리까지 신경 써야 할 부분이 많아서 외식으로 때우는 경우가 많았었다. 그런데 이곳은 아직도 많은 사람들이 서로 집으로 초대해서 친교를 나눈다. 초대하는 사람은 자신이 잘 하는 메뉴 한두 가지를 정성껏 준비한다. 초대받은 사람 역시 음식 한 가지 정도를 준비해가면 서로 부담스럽지 않고 저렴하고 맛있게 시간과 분위기를 즐길 수 있다.

샤브샤브를 가까이 하면서 우리 집 손님 초대 음식은 자연스럽게 결정되었다. 젊은이들은 기본 재료에 어묵이나 만두를 넉넉히 준비하고 나이 든 분들을 위해서는 가급적 고기 양을 줄이고 해물과 버섯으로 대체하면 건강식으로도 훌륭하다. 음식의 맛을 내거나 준비가 복잡하지 않기 때문에 평소에 부엌 출입은 상상도 못했던 남편도 자연스럽게 부엌을 들락거린다. 덕분에 누가 봐도 우리 집은 공평한 가사 노동으로 평등한 부부 관계를 유지하는 것처럼 보인다.

내일은 샤브샤브 요리를 위해 한 군데 들를 곳이 있다. 지금까지는 샤브샤브의 주재료인 얇게 썬 고기를 한국 마트에서만 살 수 있었다. 그런데 아시안들이 이런 스타일의 요리를 즐기는 것을 알고 모처(某處)의 호주 정육점에서도 얇게 썬 고기를 판매한다고 친구가 귀띔해 주었다. 가격도 저렴하고 품질도 좋아 보인다니 확인 차 들러서 일주일분을 구입해야겠다. 늘어나는 치수가 은근히 걱정되기도 하지만 식탁에서 얻는 소박한 보약이라 생각하고 감사한 마음으로 즐겨야겠다.

수집쟁이 우리 남편

깨끗하고 조용한 동네에 며칠 전부터 냉장고, 세탁기 등 가전제품을 비롯하여 책상, 의자, 식탁 등 대형 쓰레기들이 하나 둘 쌓여가고 있다. 내가 한국에서 살 때는 대형 쓰레기가 생기면 동사무소나 관리사무소에 대상 품목을 신고하고 약간의 처리비용을 납부했다. 그리고 스티커를 받아 내용물에 부착해서 날짜에 상관없이 근처 쓰레기 집합장소 한 귀퉁이에 내다 버렸다. 버릴 때는 나름 쓸 만하고 손때가 묻어 망설이곤 했던 물건들이 스티커를 붙여 밖에 내놓으면 금방 볼품이 없어져 폐기 처리장 가기만을 기다리는 딱한 신세로 전락하곤 했다.

이렇듯 한국의 대형 쓰레기 처리는 약간의 비용만 지불하면 가정에서 못 쓰는 물건들을 바로바로 정리할 수 있다는 이점이 있다. 반면, 쓰레기 집합 장소는 일 년 내내 각종 생활 쓰레기와 함께 대형 쓰레기가 자리를 차지하고 있어 외관상 지저분하고 자칫 잘못하면 사고를 유발할 수도 있다. 그에 비해 이곳은 개인 사정에 따라 시(市)에서 지정한 장소에 약간의 금액을 지불하고 처리할 수도 있으나 공식적으로 일 년에 한 번 동네 단위로 버릴 수 있는 기간이 정해져 있다. 자신이 사는 지역의 쓰레기 배출 일자가 인터넷에 공시되면 주민들은 보통 2주 정도 앞당겨서 대형 쓰레기를 집 앞에 내놓고 비용은 무료다. 이렇게 모든 세대들이 적극적으로 이 기간을 이용하기 때문에 이 시기를 제외하고는 늘 거리가 깨끗한 편이다.

집집마다 기다렸다는 듯이 대형 쓰레기를 집 앞에 배출하면 2주 정도 쓰레기가 머물기 때문에 혹시 쓸 만한 것이 있나 두리번거리면서 구경하는 재미가 쏠쏠하다. 제조업이 발달하지 않은 이곳은 대부분의 물건들을 수입하기 때문에 대형 쓰레기에 속하는 가전제품이나 가구의 경우 새 것은 가격이 매우 비싸다. 그래서 이곳 사람들은 함부로 물건을 버리지 않고 고장이 나면 수리하고 때론 전용(轉用)해서 알뜰하게 쓰는 편이다. 꼭 필요한 물건이 생기면 중고품을 검색하는 것이 생활화되어 있는데 때마침 집 앞 골목길이 중고품 시장처럼 된 것이다. 주인들 역시 처리할 대형쓰레기를 분류할 때 아직 쓸 만한 것이 있으면 혹시라도 필요할 다른 사람을 위해 메모를 남겨놓는다. 비록 지금은 쓸모없지만 한때 유용하게 쓰였던 물건에 대한 예우와 애틋함이 묻어 있는 메모를 보면 한 번 더 눈길을 주게 된다.

여러 사연을 담은 대형 쓰레기 더미를 제일 먼저 살피는 사람은 전문 수선업자들로 이들은 차량을 동원하여 필요한 것들을 수집해 간다. 그리고 산책 나온 동네주민들이 요모조모 살펴보다가 인연 닿는 것이 있으면 사뿐히 집어 가는데 그 사람들 속에 남편도 어느새 슬쩍 합류했다.

남편은 뭔가를 수집하는 취미가 있는데 회사에 다닐 때는 외국 출장이 잦아서 한동안 종(鐘)과 각 나라의 화폐를 모았었다. 나중에는 동호회에 가입하여 화폐를 모은 앨범만 해도 책장 하나를 가득 메울 정도여서 대청소를 할 때마다 식구들로부터 적잖은 핀잔을 들었다. 화폐 다음에는 클래식 모형 차와 우표 모으기로 꾸준히 취미를 유지하더니 이민 올 때, 사용했던 가재도구와 함께 수집벽도 한국에 조용히 남기고 왔다. 그리고 이곳에서 수집할 만한 뭔가를 찾던 중 돈 들어가는 수집 대신 돈 모으는 음료수 캔을 수집하기 시작했다.

사계절이 여름이라 해도 과언이 아닐 정도의 이 나라는 음료수의 소비가 많다. 공원이나 식당 그리고 사무실에 흔하게 버려진 것이 음료수 캔이다. 그는 음료수 캔이 재생 가치가 있다는 것을 알기 때문에 그것을 줍기 시작한 것이다. 사무실마다 재활용통에 버려진 캔을 수거하여 내용물을 닦고 압축한 다음 커다란 자루에 모아 한꺼번에 고물상에 팔았다. 비록 깨끗이 캔을 닦았다 해도 찌꺼기가 남아 있어 항상 개미들이 꼬이는 통에 가족들은 음료수 캔 수집을 극구 말렸다. 그러나 겨울철에는 고철(Steel) 값이 kg당 1불(당시 한화 1,000원 정도)이 넘기 때문에 당장

부자가 될 듯 흥분해서 이 일에 열중했다.

생각보다 짭짤했던 캔 값이 여름철이 되자 물량이 많아 가격이 하락했다고 남편은 볼멘소리를 했다. 이때가 기회다 싶어 가족들이 일제히 반격하니 그는 아쉽지만 어쩔 수 없이 캔 수집을 중단하였다. 그래도 수집벽은 계속 이어져 이면지는 물론 하다못해 조금 번듯하다 싶으면 길모퉁이에 놓여있는 돌도 주워 오고, 곧다 싶으면 나무도 주워 오는 통에 창고 안은 잡동사니로 점점 채워졌다.

내가 초등학교 다닐 무렵, 마을 어귀에는 버려진 물건들이 종종 있었다. 아무리 살펴보아도 현재 쓰고 있는 우리 집 것보다 훨씬 좋아 보여서 주위를 힐끔거리다 재빨리 주워 두근거리는 가슴과 함께 집으로 가져갔었다. 엄마는 그 물건의 출처를 캐묻고 마을 어귀에서 가져온 것을 알자 우선 소금부터 뿌리고 다시 제자리에 갖다 놓으라고 호통을 쳤다. 칭찬을 기대하고 가슴 졸이며 가져왔는데 되레 혼만 나니 어린 마음에 억울해서 그 사연을 따졌다. 엄마는 버려진 물건을 함부로 집안에 들이면 나쁜 기운이 따라 들어와 동티가 난다고 했다. 그러면 식구 중 누군가가 병에 걸리거나 심지어 죽을 수도 있다고 겁을 잔뜩 주면서 말했다. 그리고 그런 물건들은 대부분 동티를 잡기 위해 은밀히 굿을 하여 버린 것이라서 쳐다보는 것도 안 좋다고 재차 주의를 주었다. 만약 어쩔 수 없이 보게 된다면 세 번 침을 뱉고 한쪽 발로 서서 세 번 동동 구르라고 액막이 비법까지 가르쳐주었다.

토속신앙이 골수에 박힌 나는 성인이 된 후에도 그런 류(類)의 이야기를 종종 들었다. 그래서 내 돈 주고 가게에서 새로 사거나 잘 아는 사람의 물건이 아니면 일절 눈길을 주지 않았다. 그런데 이곳에서의 새 물건 값은 턱없이 비싸서 급기야 나도 필요한 물건이 생기면 출처를 알 수 없는 중고 시장을 기웃거리기 시작했다. 이렇게 환경은 비록 오랜 습관일지라도 서서히 변화시켜 새로운 조건에 적응하게 만들고 있는 것이다. 거리에서 뭔가를 주워 오는 것에 완강하게 반대했던 내가 지원군으로 돌아서자 남편은 "자원을 재활용하여 지구를 보호한다."는 그럴 듯한 명분을 내세우며 적극적으로 줍기에 나섰다.

다리 없이 버려진 선풍기는 다른 고장 난 선풍기의 다리만을 취하여 보완하고 외관이 지저분한 것들은 사포로 문지르고 페인트칠을 하며 그는 들락날락 창고에서 바빴다. 직장 생활할 때는 도저히 찾아볼 수 없었던 그의 새로운 에너지가 놀라워 비록 소박한 성취라도 나는 과장되게 반응했다. 뜻밖의 나의 칭찬에 그는 숙제 검사에서 별 다섯 개 받은 학생처럼 행복하기만 하고 어느덧 집안은 서서히 재생품들로 채워져 간다.

사실 누구나 한 번쯤 충동구매의 경험이 있을 것이다. 이런 물건들은 처음에는 좋았다가 몇 번 쓰고 나면 싫증이 나서 더 이상 사용하지 않고 얌전히 모셔둔다. 그런데 재생품의 경우 그 쓰임새를 여러 차례 생각하고 선택할 뿐만 아니라 조이고 닦고 기름 치는 알뜰한 정성이 들어간다. 이렇게 완성된 물건들은 쓸

때마다 혹은 볼 때마다 사연도 애틋하고 가정 경제에도 적지 않은 도움이 되니 뿌듯함을 느낄 때가 많다. 재생 작업들이 매번 순조로운 것은 아니어서 난처한 일도 왕왕 생기지만 그래도 이만하면 이 땅도 남편에게는 그럭저럭 살만한 곳인 것 같다.

슈퍼마켓에서

찬거리 준비를 위해 슈퍼마켓인 콜스(Coles)에 들렀다. 이곳은 콜스와 울 워스(Woolworths)라는 슈퍼마켓이 경쟁을 벌이고 있고 그 틈새로 독일 브랜드의 알디(Aldi)라는 마켓이 새로운 전략으로 고객을 확보하고 있다. 알디의 새로운 전략은 기본 생필품 이외에 매주 이벤트 상품을 저렴한 가격에 판매하는 것이다. 우리는 이벤트 상품 구경하는 재미와 진열된 물건을 통해 현지인들의 문화를 엿볼 수 있어 자주 들른다.

알디의 또 한 가지 차이점은 계산원이 앉아서 바코드(Bar Code)를 찍으며 포장용 봉투를 제공하지 않는다는 점이다. 계산원은 상품의 포장 절차 없이 바코드만을 찍기 때문에 계산이 빨라 시간을 줄일 수 있고, 포장 봉투를 소비자에게 제공하지 않기 때문에 낭비 요소를 줄인 만큼 저렴하게 물건으로 되돌려 준다는 것이다.

이 두 가지 전략은 성공적이어서 해마다 알디의 매출은 늘고 상대적으로 대형마트인 콜스와 울워스는 위기감을 느낀다는 기사를 읽은 적이 있다. 이밖에도 아이지에이(IGA)나 푸드워크(Food Work)와 같은 군소 마켓과 동네마다 식품점, 편의점이 있어 생활하는 것은 편리하지만 자칫하면 과잉 장보기가 되어 항상 메모해서 현명한 소비 활동을 해야 한다.

오늘 찾은 콜스는 1914년 호주의 멜번에서 시작하여 체인점만 거의 8백여 개가 되는 대형마켓이다. 뿐만 아니라 저가 공산품을 취급하는 케이마트(K-Mart)와 중, 저가 매장인 타겟(Target), 그리고 백화점인 마이어(Mayer)를 계열사로 거느리고 있다. 정보가 부족했던 이민 초기, 운동화가 필요했는데 백화점은 비쌀 것 같아 집 근처의 케이마트에 갔었다.

케이마트가 주로 저가 공산품을 취급하는 곳이라는 것을 알았다면 애당초 나서지 않았을 텐데 애써 찾아간 그곳의 물건은 보기에 품질이 좋아 보이질 않았다. 진열된 운동화를 보면서 브리즈번 거리에는 왜 멋쟁이가 없는지? 테이프(Tafe)의 선생님들조차 스타킹은 물론 부츠도 꿰매 신는 실정을 짐작할 정도로 물건의 구색과 품질이 실망스러웠다. 그래서 한국에 있는 친구에게 케이마트만 보고 마치 그 마트가 호주 공산품의 전부인 양 불평했더니 그 친구가 운동화를 두 켤레나 사서 보내 주었던 기억이 있다. 이후 품질과 가격이 우리 가계에 크게 부담되지 않는 중저가 매장인 타겟을 알게 되어 웬만한 물건 구입은 그곳을 이용하고 있다.

이곳의 슈퍼마켓을 이용하면서 느낀 점은 첫째, 세일(Sale)을 세일답게 한다는 것이다. 크리스마스나 부활절 그리고 밸런타인데이 등 초콜릿을 선물하는 시즌이 되면 대부분의 초콜릿이 20%부터 많게는 50%까지 세일을 한다. 소비자의 입장에서 보면 꼭 필요한 물건을 필요한 시기에 저렴하게 구입하기 때문에 지갑을 열면서도 기분이 좋다.

둘째, 품목별로 품질 좋은 자사 브랜드의 제품을 판매한다. 지금은 형편이 어떤지 모르겠지만 예전에 한국의 슈퍼마켓에서 파는 자사 브랜드의 물건은 가격은 저렴하지만 대부분 품질이 좋지 않았다. 그래서 지금도 자사 브랜드 제품의 이미지가 좋지 않게 각인되어 있다. 그런데 이곳의 자사 브랜드 제품은 비교적 품질이 우수하며 가격 또한 저렴해서 믿고 사용할 수 있다.

셋째, 유통 기한이 임박한 고기나 과일, 채소는 폐장 시간이 가까워지면 큰 폭으로 세일을 한다. 이민 초기, 이런 먹을거리들이 우리 가족을 먹여 살렸다고 해도 과언이 아닐 만큼 자주 이용했다. 마침 집에서 가까운 곳에 콜스가 있었고 그때는 일이 많지 않아서 저녁을 먹으면 으레 남편과 함께 산책길에 나섰다. 산책의 마무리는 콜스였는데 폐장 시간이 가까워지면 다양한 스페셜 세일이 있어서 먹을거리 걱정은 크게 안 했던 고마운 기억이 있다.

네 번째, 슈퍼마켓에서 꽃을 팔며 주류는 주류 전문 매장에서

만 판매한다. 꽃다발의 위치는 계산대 바로 옆인데 이 위치는 아마 회사 측의 치밀한 판매 전략에 의한 것이리라. 아무튼 꽃을 좋아하는 나는 출입문을 통과할 때마다 꽃을 부담 없이 살 수 없는 아쉬움과 안타까움으로 다만 물끄러미 꽃다발을 쳐다본다. 그러다가 꽃을 사는 남편 또래의 중년 남성이 있으면 꽃 받는 상대방을 상상하면서 꽃을 든 남자가 시야에서 사라질 때까지 쳐다본다.

그리고 마지막, 매장 내에서 취급되는 모든 과일들은 1㎝ 크기의 타원형 스티커를 붙이고 있다. 한국에서는 눈여겨본 적이 없어서 알 수 없는데 이곳의 과일들은 진열대에 반드시 과일의 품종이 명시되어 있다. 예를 들어 사과 진열대에는 Pink Lady, Fuji, Royal Gala, Red Delicious, Jazz Apples 등 품종이 표기되어 있으며 열을 맞춰 진열되어 있는 개개의 사과에는 호주산이라는 작은 스티커가 붙어 있다. 소비자들의 알 권리를 위한 마켓 측의 배려인지 아니면 워낙 다양한 문화권의 사람들이 모여 사는 곳이라 선택하기 쉽게 명시한 것인지 알 수는 없지만 꽤나 품이 많이 가는 작업임에 틀림없다. 덕분에 나는 생각 없이 먹기에 바빴던 과일에 대한 지식이 많아졌다.

예전에 외국에 살다 온 친구들을 만나면 각 나라의 음식 문화에 대한 폭 넓은 상식이 놀라웠었다. 그런데 내가 그 상황에 처해죠 보니 자연스럽게 그렇게 되는 것 같다. 왜냐하면 모든 것이 어설프기 때문에 차근차근 알고 넘어가야 하며 몰라서 실수하는 부분은 전적으로 내 책임이고 그것은 손해로 연결되기 때문이다. 궁금증이 생기면 묻고 찾아보고 그러는 사이 조금씩 관심 분야에 대한 상식이 느는데 그런 일상들이 반복되어 삶의 태도까지 바꾸는 것 같다. 한때 수탉이란 별명으로 불렸을 정도로 꼼꼼치 못한 성격이었는데 아마 지금 나의 모습만을 본 사람들은 무슨 소리냐며 반문할 정도로 바뀐 것 같다. 세월과 환경은 이렇게 사람을 변화시킨다.

남편과 나는 콜스 매장을 한 바퀴 둘러본 뒤 계산대로 향하며 구매 금액이 30불이 되는지 가늠해 본다. 구매 총액이 30불이 넘으면 영수증 밑에 주유 할인권이 있기 때문이다. 콜스는 쉘(Shell)과 울 워스는 칼텍스(Caltex)라는 정유회사와 제휴되어 1L 주입 시 4센트 할인 혜택을 받을 수 있다. 우리 차의 경우 한 번 주유할 때마다 2불 정도(한화 2000원 정도)의 할인 혜택을 받는데 큰돈은 아니지만 즉시 눈에 띄게 혜택으로 돌아오니 소비를 하고도 아깝다는 생각이 덜 들게 만든다.

오늘은 호주에서 그나마 헐하게 먹을 수 있는 소고기와 그린빈(Green Bean)을 많이 샀다. 일부는 장조림 해서 도시락 싸고 일부는 오랜만에 스테이크를 즐겨야겠다. 품질 좋은 호주산 와인 쉬라즈(Shiraz)와 함께.

애주가, 신천지를 발견하다

남편은 애주가다. 점잖게 표현해서 애주가이지 사실은 알코올 중독자에 가깝다. 게다가 애연가이니 호주처럼 술, 담배가 비싼 나라에서는 생활하기가 좀 곤란한 사람이다. 이민 서류가 진행될 때 남편은 술, 담배 값이 비싸다는 사실을 알고 친정 엄마로부터 동동주 담그는 법을 전수 받으라고 채근하였다. 친정엄마는 딸들이 당신으로부터 무언가를 배우겠다고 제안하면 단박에 우쭐해하시면서 들뜨곤 했었는데 동동주 담그는 법만큼은 예외였다.

"제사를 지낼 것도 아닌데 술 만드는 법은 뭐 하러 배우나? 그리고 이참에 사위도 술을 끊도록 해야지, 술에 장사 없다는데…." 하시면서 말끝을 흐리셨다. 사실 나는 이 나이가 되도록 솜씨 좋은 친정엄마 덕분에 뭐하나 제대로 할 줄 모르는 무늬만 주부다. 동동주만 하더라도 엄마는 약초 삶은 물을 이용하기 때문에 맛과 향이 특별하다. 게다가 같은 술이라도 건강에 도움이 되게끔 만들기 때문에 전수 차원으로라도 배워볼까 생각했다. 그런데 남편이 먼저 제안하니 미운 마음이 앞서 배우고 싶은 마음이 싹 사라졌었다.

이민을 오자마자 남편은 술 값 먼저 비교했다. 소주의 경우 360㎖ 한 병이 한국에서는 천 원 안팎이었던 것 같은데 이곳에서는 $13(한화 13,000원 정도)에 몇몇 주류 전문점에서 팔았고 한인 음식점에서는 $15정도 했다. 한국 돈으로 만원이 넘는 금액이다 보니 고국 생각난다고 감상에 젖어 소주 몇 잔 하면 음식 값보다 술값이 더 많이 지출되는 실정이었다. 이렇듯 소주는 해외에서 더 이상 서민의 애환을 달래주는 착한 술이 아니었다.

상황이 이렇다 보니 남편의 소주 구하기는 필사적이었다. 조금만 인연이 있는 사람이라도 호주를 방문한다는 연락이 오면 염치 불구하고 큰 병 소주나 팩 소주를 부탁했다. 그리고 일단 한 병이라도 확보되면 신주 단지라도 되는 듯 보관해 놓고 다만 쳐다보는 것만으로도 뿌듯해 했다. 옆에서 보기에 안쓰러워 이곳에서 구하기 쉽고 건강에도 크게 해롭지 않은 와인을 권했다. 그렇지만 남편은 와인은 과일주라서 왠지 술 같지 않다고 한사코 귀하고 비싼 소주를 고수했다.

그러던 어느 해 연말, 선물 품목 정하기에 골몰하고 있었는데 이곳 사람들은 Dan Murphy's Liquor Merchants(이하 덴 머피)라는 대형 주류 전문점에서 보통 와인을 많이 선물하다는 이야기를 들었다. 시의 적절한 정보는 시간과 돈을 절약할 수 있는데 당시 주류 전문점을 알게 된 것은 우리의 호주 생활에 큰 도움이 될 만한 것이었다. 그곳은 여러 나라의 유명한 맥주와 양주를 비롯하여 특히 와인이 많았다. 와인의 경우 $10미만부터 $50~60불 정도까지 가격도 천차만별이어서 우리는 적당한 와인을 고르는데 애를 먹었다. 그래도 주류 전문 매장을 알게 되었고 생각보다 싼 와인도 많아서 남편은 신천지를 발견한 듯 기뻐했다. 그리고 가족들로부터 핍박 받으며 애써 고수하던 소주 취향을 천천히 와인으로 바꾸기 시작했다.

문제는 남편이 선택할 수 있는 와인의 종류가 너무 많다는 것이었다. 주변의 조언으로 그 많은 와인 중에서 고기 요리와 잘 어울린다는 레드 와인(Red Wine)인 쉬라즈(Shiraz)를 선택했다. 쉬라즈는 와인을 만드는 포도 품종 중의 하나인데 같은 쉬라즈라도 브랜드마다 조금씩 맛이 달라서 남편은 자신의 입맛에 맞는 것을 찾기 위해 주류 매장의 문이 닳도록 들락거렸다. 와인병들이 시행착오와 더불어 차곡차곡 재활용통에 쌓일 무렵 우리는 남 호주의 주도(主都)인 애들레이드(Adelaide)를 방문하게 되었다. 애들레이드는 와인 매니아라면 그 명성을 익히 알고 있을 정도로 와이너리가 많은 곳이다. 그리고 한적하고 아름다운 목가적 분위기를 즐길 수 있는 곳이 많다고 초대한 친구가 말했다. 남편은 와이너리란 말에 귀가 솔깃하고 난 목가적 분위기의 아늑함을 상상하면서 애들레이드에 갔다.

4월, 부활절의 애들레이드는 바야흐로 천고마비의 계절, 가을이었다. 시내를 조금만 벗어나면 내가 살고 있는 브리즈번에서는 느낄 수 없었던 가을의 정취가 우리 곁에 있어서 행복했다. 친구는 애주가인 남편을 배려하여 와인의 주산지로 유명한 바로사 벨리(Barossa Valley)로 우리를 안내했다. 그 지역은 낮은 구릉을 배경으로 와이너리가 섬처럼 산재해 있었는데 곳곳에서 달큰한 포도 향이 풍기는 듯했다. 특히 제이콥스 크릭(Jacob's Creek) 와이너리는 덴 머피 주류 매장에서 자주 본 와인 브랜드라서 더 반가웠다. 그곳은 역사가 깊고 와인의 생산량이 많아 방문객들로 분주했는데 건물 입구에는 와인 박물관 겸 시음장이 있었다.

박물관에는 일반인의 이해를 돕기 위해 품질 좋은 포도의 수확부터 양조 과정까지 사진과 함께 와인에 대한 전반적인 것이 소개되어 있었다. 시음하는 사람과 기념으로 와인을 사는 사람 등 복잡한 시음장을 빠져 나오면 주변은 온통 포도밭이었다. 포도밭 가장자리에는 와인을 만들 때 사용되는 포도의 품종, 우리가 유일하게 좀 알고 있는 쉬라즈(Shiraz), 쇼비뇽(Sauvignon), 메를로(merlot) 등이 이름표를 달고 가을볕에 휴식을 취하고 있었다. 와인에 대한 지식이 없는 우리는 다만 포도나무를 배경으로 사진도 찍고 와인도 시음하며 휴일을 즐겼다. 애주가인 남편은 몇 번의 시음으로 이미 기분 좋게 취한 지 오래여서 콧노래까지 부르고 있었다.

지금 남편은 쓴 소주 몇 병은 냉장고 깊숙이 보물처럼 보관하고 온통 애들레이드 산(産) 와인으로 풍족한 식생활(?)을 즐기고 있다. 토요일 오후 누군가를 방문할 때도, 각자 자신들이 마실 술을 준비해도 괜찮은 BYO 음식점을 갈 때도, 동행인인 나보다는 우선 와인 한 병을 챙긴다. 그리고 마치 와이너리 제이콥스 크릭의 홍보대사인 양 사진까지 보여주며 포도주에 관해 일장 연설을 한다. 이런 애주가인 남편을 보고 주변사람들은 술을 적당히 마시라고 권하고 나에게도 남편이 술을 멀리할 수 있는 비법들에 대해 이런저런 조언을 한다. 그러나 나는 냉장고에 술이 없으면 요긴한 양식이 떨어진 것처럼 남편만큼 초조해 한다. 더군다나 그의 음주를 말리기는커녕 좋아하는 술을 함께 즐겨주지 못해 미안할 때도 있다. 그러다가 주량을 모르고 턱없이 취해서 횡성수설하면 악처가 되어 폭언을 퍼붓는 등 술로 인한 웃지 못할 해프닝이 쌓인 술병만큼 많다. 술만이 줄 수 있는 절대적인 행복을 인간인 나로서는 흉내 내기 어려우니 다만 기분 좋게 즐기고 지나쳐서 몸을 망치는 일이 없도록 바랄 뿐이다.

3.

나의 살던 고향은

감이 열리다

감나무는 작년 봄에 버닝스(Bunnings) 매장에서 우리 집으로 왔다. 처음 이곳에 있는 사찰에서 감나무를 보았을 때 반가움과 함께 이곳에서도 과연 제대로 열매를 맺을 수 있을지 의심스러웠다. 가끔 시장에서 단감을 보기는 했는데 그 상태가 썩 좋지 않아서 으레 수입이겠거니 했었다. 그런데 이곳에서도 감이 열린다는 이야기를 듣고 비록 열매를 맺지 못한다 하더라도 감이 주는 가을의 정취가 그리워 식물로서는 제법 비싼 $50을 주고 사왔던 것이다.

우리 집에 터전을 잡은 감나무는 기대를 저버리지 않고 여름 동안 무성하게 나뭇잎을 기르더니 어느 날 조촐하나마 단풍이 들고 이내 앙상한 가지만 남겼다. 식물들은 낮 기온 1~2도 차이는 물론 일교차에도 민감하여 서서히 준비하고 적응하면서 자라는데 나는 이 나무를 눈여겨보면서 계절의 변화를 느끼곤 했다. 그리고 다시 봄, 작년보다 몸집이 조금 더 커진 감나무는 어린아이 손바닥만한 연녹색 청순한 잎을 매달고 미풍에 흔들리고 있었다. 나는 이 나무에 물을 주다가 얼핏 노릇한 감꽃이 매달려 있는 것을 보았다. 하나, 둘, 셋, 넷 꼭 식구 수만큼 매달린 감꽃을 보고 호들갑스럽게 남편을 불렀다.

자연은 항상 비밀스럽게 뭔가를 준비한다. 씨앗을 품은 땅은 어느 날 주변의 흙들을 부드럽게 밀면서 조심스럽게 새싹을 내보내고 꽃봉오리를 세상에 보낼 때도 은밀히 조짐을 보인다. 우리 집 화단의 그 미묘한 변화를 제일 먼저 감지하는 나는 누구보다 기쁨이 크다. 남편은 번번이 나에게 첫 발견의 기회를 빼앗겨서인지 듣는 표정이 나만큼 상기되어 있지는 않다. 우리 둘은 큰일을 해낸 어린 감나무를 마치 사람인 양 쓰다듬고 서둘러 일터로 향했다. 평소 같으면 일에 대한 부담감 때문에 마음이 무거워 묵묵히 바깥 풍경만 응시할텐데 오늘은 아침부터 감을 보았으니 감에 대한 이야기가 풍성하다.

고향이 경기도 화성인 우리 시어머님은 자랄 적, 형제자매가 많았던 당시 보통 집과는 다르게 오빠 한 분만 계셔서 남매간의 우애가 유달리 돈독하셨다. 시어머님의 하나밖에 없는 오빠, 즉 남편의 외삼촌은 젊어서 공무원으로 근무하시다가 정년퇴임과 더불어 용인에서 전원생활을 하고 계셨다. 마침 그때, 우리는 용인과 가까운 수원에서 살았는데 우리 집을 방문한 시어머님의 제안으로 외삼촌댁을 방문하게 되었다. 서울시 중구가 본적이며 도회지 생활에 익숙한 남편은 시골 방문에 시큰둥한 반응이었지만 나는 전원이라는 말에 솔깃하여 손꼽아 주말을 기다렸다.

이윽고 주말이 되어 온 가족이 시 외삼촌댁을 방문했는데 그곳은 우리가 상상했던 아담한 전원이 아니라 3천 평이 넘는 큰 감나무 과수원이었다. 때는 마침 감 수확기인 가을이어서 멀리서 바라본 외삼촌댁은 봄꽃이 핀 듯 화려했다. 제대로 된 울타리조차 없는 그곳은 산비탈 중턱에 납작하게 엎드린 방 두 칸짜리 초가(草家)와 100평 남짓한 텃밭을 제외하고는 대부분 감나무가 차지하고 있었다.

작은 체구의 시 외삼촌은 감 따는 도구를 이용하여 어렵사리 감을 수확하다가 우리를 보고 반가워하시면서 안으로 들기를 권했다. 과수원 한가운데에 있는 초가집은 출입문마다 잎과 함께 꺾인 감들이 조화(造花)처럼 걸려있고 흙벽에는 곶감으로 쓰일 감들이 올망졸망 매달려 있었다. 감은 그분이 잠깐 벗어놓은 모자와 장화에도 묻어 있었고 나무에도 있었으며 초파리와 함께 땅 위에도 뒹굴고 있었다.

감은 그렇게 잠깐 우리 가족들의 눈을 풍성하게 해주었다. 연이은 탄성이 끝난 후 나는 그곳의 감이 재래종, 시골에서 흔히 말하는 '땡감'이라는 것을 알게 되었다. 그 많은 감나무의 감이 다른 과일들처럼 익으면 그 자리에서 바로 실컷 먹을 수 있는 것이 아니라 시간을 갖고 기다려야 한다는 것에 대해 우리는 적잖은 실망을 했다. 그리고 돈도 안 되는 재래종 감을 그렇게 많이 키우는 의도가 궁금했다. 차라리 그 넓은 땅의 일부를 개간하여 특수작물이나 곡물을 재배하든지 만약 그것이 당신 힘에 부친다면 동네 젊은이들에게 도지를 주어 뭔가 생산적으로 쓰이면 더 좋을 것 같다는 지극히 현실적인 생각이 머릿속을 맴돌았다. 우리의 궁금증을 눈치 채신 듯 시 외삼촌은 다음과 같이 말씀하셨다.

"젊어서 한참 도시 생활을 했으니 나이 먹으면 고향과 같은 마을에서 살고 싶었지. 마침 산비탈이라 해와 바람이 잘 통하고 감이 주는 풍경과 여유가 좋아서 선뜻 샀다네. 처음에는 여러 가지 계획이 있었지만 계획이 많으면 욕심이 생기고 건강에 부담을 줄 것 같아 그냥 즐기고 있는 참이라네. 오다가다 땡감이라도 원하는 마을 주민들이 있으면 함께 따서 나누기도 하고 그냥 내버려두면 겨울에 굶주린 동물들이 종종 찾아와 적적하지 않고 좋다네."라며 쟁반에 홍시를 가득 담아 오셨다. 시 외삼촌은 풍경이나 여유 혹은 자연을 벗 삼아라는 단어를 반복하시면서 당신의 말년이 이만하면 평화롭다고 말씀하셨다. 그러나 가난한 시골에서 자란 나는 풍경이나 여유보다는 그 넓은 땅과 주렁주렁 매달린 감에 욕심만 앞섰다.

이후 우리의 가을 주말은 특별한 몇 날을 제외하고는 거의 용인 행이었다. 가족뿐만 아니라 남편의 직장 동료들은 물론 친구들의 가족까지 동반했다. 우선 그곳은 수원에서 가깝고 터가 넓어서 많은 사람들이 즐길 수 있었으며 자연 환경도 깨끗하고 아름다워 아이들에게는 좋은 교육장 겸 놀이터가 되었다. 편을 갈라 운동도 하고 준비한 음식도 나눠 먹고 놀다가 그것이 싫증나면 우리는 땡감을 땄다. 어른들은 감을 따고 아이들은 봉투나 혹은 바구니를 들고 다니면서 땅에 떨어진 감 줍기에 바빴다. 저녁 무렵, 집으로 돌아오는 길은 언제나 수확의 기쁨으로 뿌듯했었다.

주말에 가족들이 수확한 감을 쓸모 있게 손질하는 것은 주부인 우리들의 몫이었다. 우선 장식용으로 바구니마다 담아서 집안 곳곳에 가을을 모셔 놓았다. 그리고 예쁘게 잘 깎아서 꼭지를 실로 엮은 다음 곶감이 되라고 베란다에 걸쳐 놓았다. 일부는 홍시를 만들었는데 중간 중간 신문지를 깔고 표면이 매끈한 감을 선별하여 4층 정도 쌓았다. 곶감이나 홍시가 될 수 없을 만큼 깨지고 상처가 있는 것들은 껍질을 깎아 도톰하게 썰어 채반에 가득 널었다. 채반 위에 널린 감 조각이 색도 아름답고 먹음직스러워 습관처럼 한 조각 베어 물면 그 떫은맛이 하루 종일 입안에 맴돌았었다. 학교에서 돌아온 아이들은 자신들이 수확해 온 감들의 변신에 대해 신기해했고 집안의 화제는 당분간 온통 감이었다.

그러나 먹거리로서의 감은 가족의 기대나 수고에 번번이 부응하지 못했다. 베란다에 말려놓은 감은 제 몸에서 뽀얀 천연 가루가 나오는 말랑한 곶감 대신 따가운 가을 햇살에 쪼그라들며 말라버리기 일쑤였다. 홍시를 위한 감 역시 간간이 초파리가 드나들기 시작하다가 결국 쓰레기 신세를 면치 못했다. 그나마 표면에 상처가 많아 가장 쓸모없었던 감 말랭이가 서서히 마르면서 단맛이 들어 한 조각씩 식구들의 입을 즐겁게 했었다.

몇 년 동안 가을만 되면 우리를 불러 들였던 용인 감나무 밭은 시 외삼촌께서 작고하시면서 주인이 바뀌었고 아담한 전원주택 단지로 개발되었다. 그리고 우리는 감의 생육 조건이 맞지 않는 타국에서 가을이다 싶으면 감 타령만 하면서 살고 있었다. 그러다가 작년부터 이곳에도 중국인이 운영하는 감 농원이 있다는 것을 알게 되었다. 소문을 듣고 그렇게 그립던 감을 보러 갔지만 그곳은 맛있는 먹거리로서의 감은 가득했지만 풍경으로서의 감은 접근 금지였다.

이민 와서 그리워하고 포기하는 아쉬움이 어디 감 풍경뿐이랴! 모처럼 박스에 가득 담아 온 단감을 화장실 걱정 없이 마음껏 먹으면서 감이 있는 고향 텃밭을 떠올렸다. 그리고 눈 오는 겨울까지 꼭대기에 호젓하게 매달려 조촐하게 산비탈을 지켰던 시 외삼촌댁 감도 생각했다. 문득 '웃고 있어도 눈물이 난다'는 유행가 가사가 생각났다. 내게 있어 감은 그런 존재다.

갯마을의 추억

살아 있는 박하지 대신 냉동 꽃게를 구입해서 간장게장을 담갔다. 집에서 멀지 않은 곳에 베트남 시장이 있는데 이곳에 가면 한국에서 볼 수 있는 온갖 해산물들을 비교적 싼 가격에 구입할 수 있다. 고등어, 꽁치는 물론 바지락, 홍합 같은 어패류들도 많은데 냉동 꽃게로 간장게장을 담갔다는 친구의 이야기를 듣고 침을 꼴깍 삼키면서 3kg정도 구입한 것이다. 비록 살아있는 게에 비해 신선도는 떨어졌지만 그나마 구할 수 있다는 것이 마냥 신기하고 고마웠다. 칫솔을 이용해 구석구석 깨끗이 닦고 인터넷의 요리법을 참고하여 정성을 다해 게장 담그기를 마쳤다. 오늘은 시험 삼아 조금만 담갔지만 만약 성공하게 되면 넉넉히 담아 주변에 자랑하며 나누어 즐길 판이다.

시간이 지나면 여기 식으로 얼마간 적응될 줄 알았는데 오히려 식성만큼은 옛것을 자꾸만 고집하고 있다. 실제로 무엇이든지 잘 먹기 때문에 배는 부른데 헛배 부른 것 같은 알 수 없는 정체는 옛 맛과 추억에 대한 그리움 때문이리라. 그 맛에 대한 강력한 그리움 중의 하나가 간장게장이다. 알맞게 간이 배인 게 한 마리를 반으로 갈라 손가락까지 쪽쪽 빨다 보면 어느새 게 눈 감추듯 밥 한 그릇 뚝딱 해치운다. 오목한 껍질을 그냥 버리기가 아까워 안쪽에 밥 한 숟갈 또 비벼서 파래 김에 싸 먹고 그래도 숟가락 놓기가 아쉬우니 '밥도둑'이란 표현이 딱 어울린다. 이 같은 나의 지나친 간장게장 예찬과 그리움의 진원지는 외가이다.

나의 외가는 서산 갯마을이다. 살림살이가 곤란했던 우리 부모님은 긴 겨울방학이 되면 입 하나 덜 요량으로 장녀인 나와 차녀인 동생을 번갈아 외가에 보냈다. 너무 어린 자식들을 보내면 바쁜 외가에 폐가 되고, 제 앞가림을 할 줄 아는 큰 아이 둘을 한꺼번에 보내면 요긴한 일손이 없어져 엄마가 난감해지니 항상 교대로 보낸 것이다. 당시만 해도 교통편이 썩 발달하지 않아 온양온천에서 서산까지 가려면 완행버스를 두 번 갈아타야만 했다. 시골 마을에서 자전거나 마차 이외에는 타본 적이 없는 나는 서산, 그 먼 길을 차멀미 때문에 몹시 두려워했다.

나의 차멀미는 유난스러운 데가 있어 며칠 전 먹은 음식은 물론 급기야 성분을 알 수 없는 노란 물까지 토해내곤 했다. 출발지부터 서산역까지는 준비한 비닐봉투에 조심스럽게 일을 볼 정도로 체면을 유지했다. 그러나 시에서 읍으로 들어가는 시내버스는 빈번하게 정차하고 도로 환경이 좋지 않았기 때문에 멀미는 더 심했다.

마침내 앉아 있기도 힘들어 눕고만 싶어질 때쯤이면 '걸음막'이라 적힌 작은 팻말이 바짝 긴장한 어린 눈에 들어왔다. 동정심이라고는 전혀 없는 차장(車掌)은 떠밀듯 나를 목적지에 내려놓고는 서둘러 출발신호를 보냈다. 나는 뿌연 먼지에 가려 버스의 꽁무니가 보이지 않을 때까지 망연히 서 있었다.

'걸음막'은 갯마을의 동사무소가 있는 곳으로 버스 정류장과 잡화점 등이 있었는데 내가 온다는 소식을 들은 두 이모는 그곳에서 나를 기다리곤 했다. 두 이모 중 막내이모는 조카인 나보다 한 살 적은 외할머니의 늦둥이로 철부지였다. 그러나 인정 많고 관찰력이 뛰어나 외가에 머무는 동안 나의 노련한 안내자 겸 동무가 되어주곤 했다.

'걸음막'에서 외가까지는 다른 교통수단이 없어서 오로지 걸어서 갔는데 한 시간 가량 걸리는 그 산길은 차멀미에 지친 심신을 치료하기에 충분했다. 더군다나 막내이모는 그 지역에 관한 것이라면 모르는 것이 없어 구비구비 사연을 들려주니 마치 축지법을 쓴 듯 그 먼 길이 단걸음처럼 느껴지곤 했다. 마지막 고개에 당도하면 막 지는 해를 등지고 커다란 미루나무 밑에서 손을 흔들며 반기는 외할머니를 볼 수 있었다.

"어이구 우리 강아지, 많이 컸구나." 하고 내 어깨를 감싸 안는 외할머니에게서 비릿한 갯냄새가 풍기면 '드디어 다 왔구나.'

하는 안도감과 함께 비로소 주변 사물이 눈에 들어왔다. 80가구나 되는 거대한 우리 동네는 집집마다 담으로 경계를 두어 일사불란하게 정리가 잘 되어 있는 반면, 외가 동네는 인위적으로 쌓은 경계라고는 아무것도 없어서 바람과 짐승과 사람이 뒤섞여 공존하는 거대한 놀이터 같았다.

외가에서의 첫날밤은 때때로 푸드덕거리는 날짐승 소리와 대밭을 스치는 바람소리, 어른들의 기침 소리, 외할머니의 끙끙 앓는 신음으로 자다 깨다를 반복했다. 잠자리가 바뀌어 몇 번 뒤척이다가 어느새 혼곤하게 잠이 들면 다음 날 점심때가 되어서야 일어날 수 있었다. 눈을 떠 둘러보면 식구 중 어른들은 이미 바다에 나가 없었고 방 한구석에는 아침 밥상이 얌전히 놓여 있었는데 밥보자기를 열면 거기 출렁이는 바다가 있었다.

짭조름한 조개젓, 네모반듯한 파래 김, 반달 모양으로 썰린 무와 함께 조려진 망둥이, 굴 미역국, 그리고 밥상 한가운데 가장 어른 격인 박하지 게장 등 해물 잔치인 밥상을 맞으며 외가에 왔다는 것이 실감났다. 매일 먹던 음식과 자연 환경이 다르고 무엇보다 집안에서의 서열이 가장 어린 것으로 바뀌니 난 지금까지의 우리 집 생활을 모두 잊고 전혀 다른 사람이 된 듯 그 세계에 동화되어 마음껏 즐겼다.

집에 남겨진 두 이모와 나는 허드렛일을 함께했는데 나의 일거리들은 이모들의 배려로 놀이 중심이었다. 가축들 밥 챙기기, 달걀과 오리 알 찾기, 대청마루를 제멋대로 오르내리는 닭 쫓기 등이 나에게 맡겨진 일이었다. 외갓집의 모든 가축들은 소를 제외하고 방목했는데 특히 닭과 오리들은 종일 쏘다니다 아무데나 알을 낳았다. 알을 찾아 집 주변을 어슬렁거리고 순식간에 대청마루를 오물 밭으로 만드는 닭 무리를 몰아 가두는 동안 이모들은 전날 어른들이 바다에서 채취해온 잔잔한 해산물들을 정리했다.

짧은 겨울 낮이 저물면 우리는 서둘러 외할머니를 마중 나갔다. 선착장이 가까워지면 막내이모는 물 만난 고기처럼 까불거리며 즐거워했다. 그러나 물만 봐도 어지러운 나는 멀찌감치 서서 진흙투성이인 갯마을 사람들을 바라보았다. 외할머니는 '우리 강아지'를 반복하면서 일행들에게 우리 엄마 이야기며 나의 이야기까지 자랑에 자랑을 거듭하셨다.

수돗가에 던져 놓은 그날의 수확물은 대략 바지락과 파래 등속이며 성글게 짜인 투망에는 '박하지'라 불리는 거무튀튀한 게가 뽀글뽀글 거품을 내뱉으며 안간힘을 쓰고 있었다. 파래 다듬기는 다음 날 우리의 몫이었기 때문에 한쪽으로 밀어놓고 외할머니와 외숙모는 코를 훌쩍이며 밤새 바지락을 까셨다. 외할아버지와 외삼촌은 밖에서 잔 생선을 정리하시고 다음 날 바다 나갈 채비를 하는 등 갯마을의 긴 밤은 쉴 틈이 없었다. 다만 철없는 우리는 내복차림으로 이불 위를 오가며 베개 싸움을 하고 어른들 주변을 맴돌며 덩달아 밤을 잊었다.

갯마을에 아침이 오면 박하지는 어느새 간장에 몸을 담그고 그 많던 바지락들은 항아리 속에서 흰 소금을 뒤집어쓰고 젓갈로 숙성되길 기다렸다. 그리고 고만고만한 생선들은 뱃속을 들어내고 바구니에 널려 있었다. 이렇게 정성들여 갈무리한 해산물 중 좋은 것은 일 년에 열 번도 넘는 제사상에 제물로 올리고 중간치는 친척 집에 선물하며 제일 품질이 떨어지는 것은 가축과 식구들의 먹이로 요긴하게 쓰였다.

어른들이 바다에 나가지 않는 날, 우리들은 꽝 꽝 언 논바닥에서 썰매를 타고 모래사장에서 예쁜 조개껍질을 줍기도 했는데 조개껍질에 귀를 대면 신기하게도 파도소리가 들렸다. 그럴 때면 난 슬그머니 가족이 보고 싶어 방구석에 오도카니 앉았고 눈치 빠른 외숙모는 잘 쪄진 고구마로 나를 달래주었다. 외할아버지 역시 사흘 걸러 한 번씩 닭과 오리를 잡아 해산물 천지인 밥상에 별미를 제공함으로써 외손녀 사랑을 표현하셨다.

이윽고 집에 돌아가야 할 시간이 되면, 외가에서는 말리고 절인 온갖 형태의 해물 부스러기들을 알뜰히 챙겨 외삼촌을 대동(帶同)시켰다. 내가 외가에 올 때는 빈손이었지만 갈 때는 가져갈 물건도 많고 약골인 어린 나를 혼자 보내는 것이 못내 미심쩍어 으레 외삼촌과 함께 한 것이다. 외할머니는 내 머리를 쓰다듬으시면서 버스 정류장에서 서성거렸고 새댁인 외숙모는 "외갓집이라고 변변하게 대접도 못하고 일만 시켰네."라며 작은 손에 용돈을 꼬옥 쥐어 주셨다. 한 달 동안 잘 먹고 잘 놀아 훌쩍 커진 나는 또 다시 멀미에 시달리긴 했지만 개선장군처럼 집으로 돌아왔다.

산과 바다가 내 것인 양 뛰어놀던 나는 가마니 짜기와 새끼 꼬기로 외양간 같은 우리 집이 좁고 싫었다. 게다가 반가움을 징징거리는 걸로 대신하는 동생들이 미워서 며칠간 골 난 아이처럼 퉁퉁거리며 지냈다. '우리 강아지'라는 애칭 대신 말끝마다 '말(馬)만한 것'이라며 책임만 지우는 엄마의 닦달을 그나마 견딜 수 있었던 것은 외가에서의 달콤 짭조름한 추억 덕분이었다.

지금 추억의 갯마을에는 간장게장 만들기의 달인이셨던 외할머니는 돌아가시고 안 계시다. 그러나 그 손맛은 젊고 수줍음 많았던 외숙모께서 외할머니의 연세가 되어 그대로 유지하고 계시다. 갑자기 겨울날 화로에 구웠던 망둥이나 간장게장이 몹시 그리울 때 나는 외가에 한 번씩 전화를 한다. 그러면 외숙모는 칠순의 나이에도 변함없는 목소리로 잊고 있었던 나의 외가댁 방문 일화를 줄줄이 들려주신다. 이렇게 순수했던 내 어린 시절을 소중하게 간직하고 격려하는 친척들 덕분에 나는 새로운 에너지와 감성을 충전하고 있으니 비록 몸은 고달파도 축복받은 삶을 살고 있다는 자부심을 느낀다.

김장과 게국지

한국에서 위문품이 왔다. 나와 남편은 한국에서 가족들이 보내주는 우편물을 '위문품'이라 부르며 '부쳤다'는 연락이 오면 도착하기까지 동구 밖에서 자식 기다리는 부모 심정으로 날짜를 헤아린다. 더군다나 이번 위문품은 김장 김치와 우리 부부가 즐겨먹는 각종 장아찌 류가 들어있기 때문에 더 신경이 쓰이던 참이었다. 바야흐로 한국은 지금 김장철이지만 남반구, 지구 반대편인 이곳은 여름의 시작이다. 게다가 우편물 검열이라도 받게 되면 2~3일 더 늦어지니 까닥 잘못하면 김치가 발효되어 국물이 넘치고 냄새까지 심해서 우체부 보기가 민망스러워지니 더 신경이 쓰였었다.

근육질의 사람 좋게 생긴 우체부는 무거운 우편물을 들기에는 우리 부부가 턱 없이 작고 약해 보였던지 "너무 무겁다."며 번쩍 들어 계단 위까지 올려놓는 친절을 잊지 않았다. 우체부의 뒷모습이 사라지자 우리는 침을 꿀꺽 삼키면서 숙련된 동작으로 서둘러 상자를 열고 내용물을 확인했다. 부탁한 책 몇 권과 생활용품, 그리고 각종 장아찌를 가득 담은 깡통이 긴 여행에 피곤하다는 듯 묵묵히 앉아 있다.

'우편물처럼 그리운 친지들이 이렇게 한 번씩 오고 가면 얼마나 좋을까?' 하는 생각에 상자 안 모든 물건이 사람인 양 반갑다. 꽉 닫힌 뚜껑을 조심스레 열어보니 싸고 또 싼 고만 고만한 내용물들이 기지개를 켜 듯 튀어 나오는데 엄마와 동생의 수고를 생각하며 눈시울이 뜨거워진다.

"여기 식구들은 먹다가 부족하면 이웃집에서 얻어도 실컷 먹으니 아끼지 말고 제일 좋은 것으로 많이 보내라."는 엄마의 간절한 주문에 "엄마, 아까워서가 아니라 내용물들이 모두 무게가 많이 나가는 것들이라서 택배비가 많이 나와요." 옥신각신하는 엄마와 동생의 살가운 정까지 고스란히 배달되었다. 총각김치와 파김치, 그리고 서산이 고향인 엄마가 김장때마다 늘 잊지 않고 별미로 만드는 '게국지'까지 올망졸망 호주 나들이를 한 것이다.

게국지는 엄마의 고향 서산의 향토 음식으로 이름이 특이해서 우리 자매들은 그냥 '못난이 김치'라고 불렀다. 게국지에 들어가는 재료들은 하나같이 버려도 크게 아깝지 않은 것들로 갯벌에서 잡히는 '능쟁이'라는 게와 푸릇한 배추 겉잎 혹은 무청, 그리고 설익어 당장 먹기도 보관하기도 어려운 호박이다. 그래서 우리는 그 김치를 '못난이'라고 부르며 하대했던 것이다.

날렵하고 반들반들한 꽃게 대신 능쟁이를 손으로 반 자르고 고갱이가 제대로 앉지 않아 김장감으로는 쓸모없는 뻣뻣한 배추 겉잎 혹은 무청을 절여서 통 고추를 거칠게 갈아 멀겋고 불그스름하게 버무린다. 여기에 한 가지 더 첨가하는 것이 호박인데 서리 맞아 누렇게 제대로 익은 호박은 대접이 후했다. 썩을 것을 염려하여 바닥에 똬리를 놓고 잘 모셨다가 산후 몸조리용으로 혹은 고사떡 고명으로 쓰였으며 긴 겨울 팥죽과 함께 별미로 입맛을 돋우는 역할을 했다. 그러나 모양이 보잘것없고 설익은 호박들은 동물들의 특식으로 이용되었을 뿐인데 특별히 우리 집에서는 김장 재료로 한몫 했던 것이다.

되도록 좋은 것만을 선별하여 준비하는 김장 김치와는 달리 그냥 먹자니 별 맛없고 그렇다고 버리기에는 좀 아까운 남은 재료들로 만들어진 게국지지만 그것들이 한곳에 모여 제대로 숙성하면 기막힌 맛이 연출되었다. 한겨울, 뚝배기에 담아 보글보글 끓이면 게의 시원한 국물과 호박의 구수한 맛이 어우러져 김장 김치에 식상한 입맛을 다시 찾게 할 정도였다.

마을회관과 가까운 우리 집은 동네 아줌마들의 방앗간 같은 곳으로 유난히 마실꾼들이 많았다. 농한기라서 크게 바쁘지 않던 아줌마들은 커피도 마시고 두런두런 사람 사는 이야기를 나누다가 엄마가 뚝딱 마련한 게국지와 동치미가 있는 밥상을 대접받았다. 그래서 게국지 맛을 알게 되고 담는 방법까지 배워 이듬해에 별미로 조금씩 담곤 했다. 그런데 웬일인지 맛내기가 쉽지 않아서 우리 집 게국지는 동네에서 알아주는 맛 김치가 되었다. 사정이 이렇다 보니 엄마는 은연 중 그 김치에 자부심을 느끼며 그것을 담글 때는 마치 그 방면의 장인처럼 차분하게 최선을 다해 진행하곤 했었다.

우리가 어렸을 적에는 그 별미 김치를 두 단지나 담아도 금방 없어졌는데 이제는 천덕꾸러기가 되었다고 엄살을 떠시면서 올해도 변함없이 그것을 담아 호주까지 보내주신 것이다. 평소에 통화할 때 엄마는 이곳의 반찬 실정을 즐겨 묻는다. 그리고 당신의 장기인 깻잎이나 고추, 오이장아찌, 무말랭이 무침 등을 열거하면서 내 입맛을 돋운다. 엄마 이야기를 듣다 보면 잊고 있던 장아찌 특유의 쿰쿰한 냄새와 함께 달큰, 짭조롬한 장아찌 맛이 그리워진다.

침을 꼴깍 삼키면서 '먹고 싶다'고 말하면 엄마는 기다렸다는 듯이 당장 그것들을 준비해서 빨리 보내라고 동생들을 닦달한다. 준비는 엄마가 할 수 있지만 기준에 맞게 배송하는 절차는 바쁜 동생들이 해야 하기 때문에 나로서는 부탁하기가 미안한데 엄마의 계산은 그렇지 않다. 배송해야 할 물건 때문에 서둘러 친정집을 방문한 동생들 얼굴 한 번 더 보고 당신의 건재함을 과시할 수 있는 좋은 기회이니 어찌 마다하겠는가?

"엄마가 최고."라는 아낌없는 찬사와 함께 장아찌 예찬을 침이 마르도록 할 큰딸을 생각하면 아픈 무릎을 끌고 텃밭을 오가는 수고쯤은 엄마에겐 아무것도 아닌 세상에서 가장 즐거운 일인 것이다. 그래서 한국에서 온 위문품은 해가 갈수록 줄어들기는 커녕 더 다양해지고 무거워지며 사연도 많다. 그와 비례하여 나의 그리움은 더 깊어져 가고 있다.

나의 사촌 성(兄)

"카톡, 카톡."

다급한 두 번의 카톡 소리에 잠이 깬다. 영락없는 아침 6시 언저리다. 매일 비슷한 시간대에 카톡 소리로 단잠을 깨워주는 사람은 나의 사촌 언니다. 그녀는 큰아버지의 둘째 딸로 나보다 한 살 많기 때문에 친족 간 호칭으로는 엄연히 언니지만 어찌된 영문인지 나보다 오히려 일 년 늦게 학교를 다녀서 후배이기도 하다. 그래서 그런지 친척임에도 불구하고 어렸을 적 나는 그녀를 언니라고 예우해준 기억이 없다. 이 일로 제 피붙이를 홀대하는 버릇없는 아이라고 어른들께 자주 꾸중을 들었지만 난 크게 개의치 않고 착한 사촌을 만만히 보며 고집스레 그냥 이름을 불렀다.

그러다가 그녀가 큰아버지를 따라 이사를 갔고 우리는 사춘기에 접어들었다. 당시 딱히 몰두할 만한 놀이와 사건이 없었던지 우리는 자주 편지를 주고받았다. 말할 때와는 다르게 편지를 쓸

때는 '언니에게'라며 서두를 시작했지만 막상 얼굴을 보면 '언니'라는 단어는 더 이상 목울대를 넘지 못한 채 우물쭈물 수그러들었다.

큰아버지께서 위암 선고를 받으셨을 때, 독실한 천주교 신자인 그녀는 직장을 그만두고 간병 차 보호자로 기도원에 갔다. 병원을 다녀도 차도가 없자 기도원 생활이 효험 있다는 소문을 듣고 지푸라기라도 잡을 심정으로 그 길을 택한 것이다. 기도원의 일상은 환자는 간단한 치료와 운동, 기도가 전부인데 비해 보호자로 들어간 사촌은 어른들 틈에 끼어 공동으로 아침 식사를 준비하고 환자들의 빨래며 청소와 텃밭 가꾸기 등 허드렛일로 몹시 바쁜 생활을 했다. 가끔 한 번씩 큰아버지의 용태를 살필 겸 면회를 가면 그녀는 핏기 없는 환자들과 보호자들 속에서 새카맣게 그을린 얼굴로 심란하게 나를 맞이했다.

어렸을 적 잠깐 부모와 떨어져 할머니와 살아서인지 나이답지 않게 조숙했고 워낙 말수가 적어 아무리 반가워도 씨~익 웃으면 그만인 그녀가 그곳에선 왠지 나이팅게일처럼 거룩하고 성스러워 보여 불쑥 '성'이라고 불렀다. '성'이라는 호칭은 '형'의 충청도 사투리인데 한 마을에 사는 고모가 우리 엄마 즉, 오빠의 아내인 올케를 부를 때 '언니' 대신 꼭 '성'이라 했다. 고모가 애교 섞인 목소리로 '성' 하면서 우리 집 대문을 열고 들어오면 가족 간 끈끈한 정이 느껴져서 촌스런 사투리임에도 불구하고 나는 그 호칭을 좋아했었다.

갑작스런 '성'의 호칭에도 불구하고 사촌은 반색은커녕 담담하고 무표정한 얼굴로 나를 물끄러미 바라봐서 그렇게 부른 내가 오히려 겸연쩍을 정도였다. 어쨌든 그녀를 '성'이라고 부른 이후, 나는 가족들로부터 나이 들면서 철들었다는 소리를 듣게 되었고 동생 입장이 되니 가끔 어리광도 부릴 수 있었으며 관계도 훨씬 편해지게 되었다.

이러한 관계는 지금까지 한결 같은데 카톡을 이용하면서 그녀는 매일 아침 좋은 글과 사진으로 나의 아침을 축복해 주고 있다. 아마 세상에서 가장 순결한 마음으로 새벽 기도에 참석했다가 그 느낌 그대로 희망, 겸손, 양보, 봉사 같은 성스러운 글들을 보내는 것 같다. 나는 그날그날 컨디션에 따라 답장이 다르지만 최근에는 하루도 빠짐없이 보내는 정성이 고맙기도 하고 말씀마다 감동 또한 커서 대체적으로 말씀처럼 살도록 노력하고 있다. 그리고 그녀가 보내는 사진 속의 꽃들은 우리 산야에 흔한 야생화들로 고스란히 어렸을 적 시골 동네, 그녀와의 추억으로 안내한다.

60년대 초, 시골에서 태어난 우리는 풍족하지 못했다. 농사철에는 바쁜 부모를 대신해 젖먹이 동생들을 돌보아야하기 때문에 학교를 못 가는 경우가 다반사였다. 그때마다 나는 교묘하게 내 몫을 사촌에게 떠넘기고 줄행랑을 쳤다. 그녀는 큰 불평 없이 내 대신 묵묵히 그 일을 했고 내가 학교를 마치고 집에 오면 아무 일도 없었던 듯 또래끼리 무리지어 들로 강으로 반찬거리를 마련하러 나섰다.

우리는 일찍부터 용케도 먹을 수 있는 풀을 구별할 줄 알았으며 그 구별에 따라 바구니 가득 나물을 캤다. 손이 빠른 사촌은 나물 캐는 무리 중 항상 으뜸이었고 말하기를 좋아한 나는 나물보다는 이야기에 정신이 팔려 채 바구니를 채우지 못했다. 그러면 사촌은 슬그머니 듬뿍 한 주먹 집어서 내 바구니를 채워 주었다. 내가 캔 것은 우리 집의 요긴한 반찬이 되었으며 사촌이 캔 것은 깨끗이 다듬고 씻어서 이튿날 할머니가 시장에 내다 팔아 돈이 되었다.

철 따라 나물을 캐고, 강가의 조개나 게 구멍을 들추다가 허기가 몰려오면 우리는 아카시아나 찔레의 어린 순에 고추장을 찍어 먹고 맵고 짜서 연거푸 맹물을 들이켰다. 어린 순들이 더 이상 우리의 군것질이 될 수 없을 만큼 억새지면 관심사는 할머니 댁 감자 밭으로 옮겨졌다. 보랏빛 감자 꽃이 지고 그 푸른 잎이 누렇게 변하기 시작하면 우리는 서둘러서 아직 여물지 않은 몇 알의 감자를 캤다. 그리고 빈 구덩이에 다시 그 누릇한 줄기를 똑바로 심어놓기를 거듭했다. 어린 마음에 줄기만 바로 서 있으면 계절에 상관없이 다시 감자가 주렁주렁 매달릴 줄 알았던 것이다.

이윽고 본격적인 감자 수확 철이 되면 우리는 할머니와 엄마로부터 꾸지람을 들었는데 특히 우리 엄마는 "남 속이는 못된 법부터 배웠다."고 불 같이 화를 내며 집 밖으로 나를 내몰았다.

어스름한 저녁, 집에서 쫓겨난 나는 잘못을 반성하기는커녕 똑같이 잘못했어도 용서가 된 사촌을 부러워하면서 어른들의 공평치 못한 처사를 원망하기만 했었다.

최근 사촌과 통화하다가 카톡으로 보내 주는 들꽃 사진에 대해 물었다.

"성이 보내는 들꽃들은 자랄 때 시골에서 많이 보던 것들이라서 그리움이 더 해. 그런데 왜 예쁜 꽃도 많은데 항상 들꽃만 보내?"

그녀의 대답은 이랬다.

"응, 요즘 아이들이 화려함만 알고 소박하고 겸손함의 미덕을 뒷전으로 생각할까 하는 걱정도 있고 무엇보다 들꽃은 나를 가장 순수했던 시절로 데려다 주지."

그리고 잠시 침묵이 흐른다. 나는 침을 꼴깍 삼키면서 다음 이야기를 기다린다.

"기억 속에 들꽃들은 항상 무리 지어 피었던 것 같애. 함께 피고 함께 흔들리는 그 모습에서 나는 결속 강한 가족애를 느끼곤 했었지. 그리고 비록 보잘것없는 모습이지만 생명 있는 것들을 품고 이롭게 하는 품성을 통해 삶의 자세를 배웠어."

그렇다. 나보다 겨우 한 살 많은 나의 사촌 성은 잠시 동안 가족의 분리라는 아픔을 통해 사랑의 본질과 어려움을 극복하는 지혜를 배우고 실천하여 존재만으로도 주변을 평화롭고 화목하게 밝히고 있는 것이다. 사진 속의 들꽃처럼.

들깨를 털면서

바람이 알맞게 부는 청명한 가을 날, 정원 한 귀퉁이에 수확해서 말리고 있던 들깨를 남편과 함께 털기로 했다. 봄에 어렵사리 들깨 씨앗 100여 개 정도를 구해서 정원 한 편에 심었던 들깨가 여름내 우리 입맛을 돋웠는데 뜻밖에 메뚜기들이 몰려들었다. 처음에는 초록 메뚜기 한두 마리만 보이더니 나중에는 누런색의 큰 메뚜기까지 등장해서 깻잎뿐만 아니라 주변의 정원수까지 갉아먹기 시작했다. 생각 같아서는 들깻잎이 누릇해지면 부각을 만들 요량이었는데 피해가 점점 커지는 바람에 서둘러 들깨를 베었다. 마침 가을바람이 알맞게 불어 불순물과 씨앗을 분리하는데 도움이 될 것 같아 갈무리 할 채비를 갖추었다.

우리는 넓은 비닐과 들깨 털기에 알맞은 긴 나무토막을 준비하고 화단 귀퉁이에 말려져 있는 들깨 단을 옮겨 비닐 위에 눕혔다. 향긋한 들깨 냄새가 마당 가득 퍼지는 가운데 그 며칠 사이에도 들깨 더미에 터를 잡고 있던 곤충들이 서둘러 탈출했다. 남편은 마치 농부나 된 듯 즐거워하면서 준비한 나무토막으로 들깨 단을 거꾸로 들고 톡톡 털어대니 비닐 위로 '후두둑' 재미있게 씨앗들이 떨어진다.

털린 씨앗들을 우선 성글게 모은 다음 불순물을 제거하기 위해 키질을 해야 했는데 꼭 필요한 도구인 키가 없다. 구멍이 숭숭 뚫린 바구니부터 아주 작은 구멍의 체까지 키를 대체할 만한 부엌살림 일부가 출동되었다. 단계별로 불순물을 구분하여 최종 마무리 작업을 완료했을 때 한 되가 족히 되어 보이는 들깨 씨앗이 깔끔하게 놓여졌다.

모든 씨앗은 그 과정에 참여했던 사람들을 겸허하게 만든다. 한 알의 들깨 씨앗이 우리 집과 인연을 맺어 싹이 트고 잎이 자랐다. 그리고 메뚜기 떼들의 극성스런 공격에도 불구하고 후일을 기약하며 마디마디 결실을 맺었으니 어찌 숭고하지 않으랴. 마치 밀레의 '만종'을 처음 보았을 때의 경외감과 평화로움이 우리 부부 사이에 감돌았다. 남편은 한 알도 소중해서 정성스럽게 줍고 그 과정을 사진에 담았다. 난 수북한 들깨 씨앗 속에 손을 넣고 고단했지만 풍요로웠던 고향의 가을걷이를 생각했다.

계절은 어김없이 돌아와 아침, 저녁으로 찬바람 일고 누릇누릇 들깨 잎에 단풍이 들기 시작하면 엄마는 농작물들을 갈무리하기에 바빴다. 가을 햇볕에 잘 말린 가지, 호박은 양파자루에 담아 통풍이 잘 드는 곳에 매달았다. 누릇한 들깨 잎은 찹쌀 풀을 발라 말려서 부각으로 먹고 차곡차곡 간장에 재우고 된장에 박으면 내년 봄까지 밑반찬으로 든든했다. 뿐만 아니라 인사차 누구라도 오면 빈손 보내기 민망할 때 한 덩이 싸주면 제격인 것이 깻잎장아찌였다. 겨울 반찬 장만은 소일거리로 혼자서 할 수 있지만 본격적인 밭작물 수확인 고구마 캐기와 들깨 털기는 자식들의 도움이 절대적으로 필요했다. 그렇잖아도 가을이 되면 야유회나 결혼식 참여로 바쁜 자식들에게 미안해서 부탁하기가 어려웠지만 시골에는 아픈 노인들만 있어 품앗이도 버거운 실정이었다.

엄마의 전화를 받은 우리는 간편한 복장으로 고구마를 캐고 들깨를 털러 들로 나갔다. 눈 내리는 한겨울, 몇 알 쪄놓으면 온종일 훌륭한 간식으로 그만인 고구마는 수확하는 것이 생각보다 쉽지 않았다. 고구마를 수확할 때의 주의사항은 절대로 고구마 몸에 상처가 생기지 않게 조심해야 했다. 그런데 땅속에 묻혀 보이지 않기 때문에 자칫 호미를 잘못 놀리면 상처가 났다. 이렇게 상처가 나면 보관할 때 그 부위가 썩기 때문에 온전하게 겨울나기가 어려웠다. 게다가 고구마는 생각보다 옹골지게 박혀 있어서 땅을 깊이 파야 했다. 처음 몇 고랑은 튼실하게 자란 고구마가 대견하고 신기해서 서로 자기 것 좀 보라고 설왕설래 말들이 많다가 시간이 흐를수록 말수는 줄고 땀만 흘렸다. 어렵사리 캔 고구마를 크기 별로 구분해서 부대에 담고 나면 들깨를 털어야 했다.

엄마는 딸들이 깻잎과 들기름을 좋아해서 들깨를 항상 많이 심었다. 먹을 때는 그 고소한 맛에 수고로움을 싹 잊어버리지만 들깨 수확은 고구마 수확보다 훨씬 손이 많이 갔다. 우선 말린 들깨 단을 일렬로 눕혀 놓으면 엄마와 시골 출신인 두 제부(弟夫)들이 곡예 하듯 도리깨질을 했다. 리드미컬한 도리깨질이 끝나면 우리는 바구니를 이용해 들깨 씨앗을 애벌 정리하여 엄마에게 인계하고 엄마는 노련하게 키질을 하여 쭉정이와 이물질들을 가려냈다. 이때쯤 되면 한낮에 흘린 땀이 식어 선득한 기운이 전해지는데 짧은 가을 해에 조바심을 내며 제각기 맡은 일에 최선을 다했다. 만약 누구라도 그 상황을 버티지 못하고 휴식을 제안한다든가 자기 몫을 다하지 못하면 그 몫만큼 다른 구성원이 어려워지기 때문에 마치 골이 잔뜩 난 사람들처럼 묵묵히 같은 동작을 되풀이 했었다.

뉘엿뉘엿 지는 해를 뒤로 하고 수확한 고구마와 들깨 자루를 창고에 넣을 때면 심각했던 밭에서와는 전혀 다른 새로운 활기로 집안은 시끌시끌했다. 엄마는 황톳물 배인 양말을 주무르면서 우리의 노고를 치하했고 행동이 잰 막냇동생은 어느새 햇고구마를 양푼에 가득 씻어 불 위에 안쳤다. 이윽고 고구마에서 나는 단내와 딸들의 웃음소리가 골목으로 퍼져 나가면 그 향기가 궁금해서 이웃들이 문 밖에서 서성거렸다. 되는 대로 청(請)해서 찐 고구마에 설익은 김치 그리고 소주 한잔이면 모인 사람 모두 따스하고 풍요로운 가을의 정취를 만끽했다. 사람들이 모두 돌아간 자리, 엄마는 잠자리에서 신음하듯 뜬금없이 한마디 하셨다.

"내년에는 들깨를 좀 더 심어야겠다. 아무리 생각해도 두루 차례가 가지 않는다."

지금, 남편은 돌아올 봄에 들깨 씨를 교민들에게 분양할 착한 계획을 갖고 있다. 그리고 엄마는 농사의 고달픔은 깨끗이 잊고 두루 나누고 싶은 욕심에 저리고 아픈 몸을 달래며 오늘도 밭고랑에서 힘겨운 호미를 놀리고 있겠다.

목련꽃 그늘 아래서

멋지고 예쁜 천으로 커튼과 소파 커버를 제작하는 회사의 매니저인 제인(Jane)은 나를 보더니 무슨 생각에서인지 선반을 뒤적거렸다. 그리고는 순백의 목련을 배경으로 화려한 새들이 프린트된 천을 네 장이나 선뜻 주었다. 난 느닷없는 횡재에 "고마워요."를 연발하면서 그 아름다운 천들을 천천히 살펴보았다. 넓이는 50cm, 길이는 2m정도 되는 천들은 가리개를 만들거나 약간 손을 보면 훌륭한 커튼 역할을 할 수 있을 크기였다. 네 장의 천 그림은 각각 달라서 첫 번째는 온통 개화를 기다리는 목련과 두 번째는 그 나무에 형형색색의 새들이 한가롭게 노닐고 있다. 그리고 세 번째는 새들과 아름다운 곤충이 어울린 그림이며 마지막 천은 만발한 꽃에 새와 곤충과 물고기까지 합류한 화려함의 극치를 보여주는 그림들이었다.

그녀는 그것들을 내게 선물하면서 액자에 넣어 벽장식을 해도 좋고 가장자리를 박음질하면 블라인드로도 손색이 없을 거라며 전문가다운 조언을 덧붙였다. 굳이 그녀의 설명이 없어도 나는 이미 여러 군데에서 천을 이용한 실내 장식을 본 적이 있기 때문에 알았다고 건성으로 대답하고 서둘러 집에 왔다. 그리고 제법 큰 네 장의 천을 수용할 수 있는 공간을 찾았는데 한두 장 정도는 가능하지만 네 장이 함께할 만한 빈 곳은 없었다.

참고로 이곳의 실내 벽은 한국처럼 벽지를 이용하지 않고 나뭇결을 살리거나 나무색 그대로 혹은 옅은 페인트칠로 마감한다. 그 깨끗한 바탕 위에 가족사진을 이용해 가계(家系)를 보여주는 집도 있고 미술에 조예가 있는 사람들은 집 안을 화랑처럼 꾸미기도 한다. 그리고 간혹 조각 천들을 이용하여 집안의 표정을 마무리하기도 하는데 중요한 것은 벽이 온전히 비어있어야만 어떤 장식품이라도 진가를 발휘할 수 있는 것이다.

빈 벽을 찾다가 그것의 무한한 포용성을 깨달은 나는 이리저리 천들을 끌고 다니면서 비로소 우리 집 벽을 자세히 보게 되었다. 우리 집의 경우 창문이 많아서 온전히 빈 벽은 없었고 공간이 좀 있다고 생각되는 곳은 주인의 성품을 닮아서인지 이런 저런 소품들을 끌어안고 있어 여유가 없었다. 천을 끌고 다니면서 이리저리 궁리를 하던 중 문득 선룸(sun room)의 여닫이문이 내 시선을 끌었다.

선룸은 자투리 공간을 서재나 방으로 꾸민 곳으로 아침부터 저녁까지 햇빛이 머물기 때문에 실내에서 가장 따뜻하며 밝은 곳이다. 우리 집의 선룸은 두 가지 장점 이외에도 창이 넓어 시원하게 밖이 보인다. 처음 이사했을 때 선룸을 서로 사용하겠다고 경쟁이 치열했는데 결국 큰아들 차지가 되었다.

거실에서 큰아들 방인 선룸을 바라보면 방안의 물건들이 훤히 보여 지저분한 인상을 주었다. 그래서 네 장의 천들이 가리개 역할로 안성맞춤일 것 같았다. 나의 제안과 남편의 도움으로 마침내 이 고운 천들은 훌륭한 가리개로 변신했고 알맞게 차단된 햇빛은 천의 뒷면에 명암을 넣어 한층 더 아름답게 보였다. 소파에 앉아 우리의 소박한 결과물을 흐뭇하게 바라보며 목련을 사랑하는 엄마를 생각했다.

평생 가난과 농사로 심신이 지쳤던 엄마는 그나마 시골에서 크게 욕먹지 않고 자라는 자식들과 올망졸망 피어나는 꽃들로부터 위안을 받았다. 당시 우리 집은 터가 없어 나무 심을 형편이 아니었는데 주변 이웃들은 텃밭에 과실수는 물론 진귀한 꽃나무들을 가꾸었다. 바닷가에서 자란 엄마는 해당화와 동백을 좋아했지만 성장 조건이 다른 탓인지 내륙 지방인 우리 동네는 목련과 매화를 많이 심었다. 잎보다 먼저 봉오리로 봄을 알리며 흰 꽃잎이 담장을 나풀거리는 목련을 바라보면서 엄마는 의미심장하게 '봄날은 간다'라는 가요를 구성지게 불렀다. 그 노래를 부를 때의 엄마 표정은 기억에 없지만 우리 형제들은 어느새 그 가사를 모두 외어 엄마와 함께 처량하게 흥얼거리곤 했었다.

엄마 평생에 텃밭은 꿈도 못 꿨는데 조상님의 은덕인지 자식

농사를 잘 지었는지 우연찮은 기회에 엄마도 텃밭의 주인이 되었다. 자식들이 모두 떠난 빈자리, 엄마는 모든 에너지를 그곳에 쏟아 부었다. 엄마가 그 밭에 제일 먼저 심은 것은 감나무와 대추나무로 이 두 가지 과실수는 주전부리나 제사상을 위한 시골 동네의 필수 나무들이었다. 두 나무에 이어 관상용으로 당연히 목련을 심을 예정이었는데 나무 값이 생각보다 비싸 엄마는 망설였다. 그래서 나는 엄마에게 텃밭 마련 기념으로 아담한 백목련을 선물했다. 엄마는 볕이 가장 좋은 경계에 목련을 심으며 예외 없이 '봄날은 간다'를 불렀는데 축하 분위기와는 다르게 우리 모녀는 그때 울었던 것 같다. 눈물은 기쁨과 슬픔이 최고조에 달할 때, 두 감정은 판이하게 다른데 이상하게 같은 형태로 표출된다.

목련을 심은 후 엄마는 매일같이 전화해서 목련의 성장 과정을 보고했다. 보통 나무를 심으면 그 해에는 만족할 만한 수확을 얻기가 힘든데 엄마의 목련은 빠르게 성장하여 대여섯 개의 꽃봉오리를 맺었다. 그리고 드디어 꽃이 피기 시작했다는 흥분된 엄마의 목소리를 들었다. 그러나 도회지 생활은 바빠서 개화 시점을 엄마와 함께 누릴 수는 없었다. 주말을 기약하면서 전화를 끊었는데 아뿔싸, 금요일 오후부터 바람이 수상하더니 드디어 폭풍우로 변했다. 엄마는 하루를 못 참고 퍼붓는 폭풍우가 야속하기도 하지만 봄비는 언제나 농사에 반가운 거라서 싫은 내색 않고 목련꽃 지킬 궁리를 하셨다.

창고를 뒤져 가을걷이 때 쓰고 남은 흰 비닐을 넉넉히 잘라 목련의 가지 부분을 동그랗게 씌웠다. 그리고 비닐의 끝부분을 몸통에 모아 약간의 바람구멍을 남기고 단단히 동여맸다. 아담한 목련 나무는 군데군데 순백의 꽃을 매단 채 솜사탕 같은 모습으로 폭풍우를 견디고 아침을 맞았다. 목련꽃 감상을 위해 딸들이 도착했을 때 엄마는 파수꾼처럼 의기양양해 계셨고 우리는 저마다 지혜로운 대처에 찬사를 보냈다.

이제 그 아담했던 목련은 해마다 가지치기를 해야 할 만큼 자랐다. 사실 개인적으로 목련은 꽃보다 봉오리가 고귀하고 순결하며 사랑스러운 것 같다. 봉오리가 으뜸인 목련은 하필 혹독한 꽃샘추위 무렵 개화하는데 이 추위가 지나가면 홑잎의 목련꽃은 누렇게 변하여 땅으로 곤두박질한다. 떨어진 꽃잎은 바람처럼 정처 없이 주변을 기웃거리다가 구석진 곳에 이르면 지저분하게 쌓인다. 게다가 꽃이 지고 나면 유익한 열매도 없이 푸르기만 하며 낙엽 또한 많아 성가시게 한다. 따지고 보면 목련의 품성은, 잠깐이지만 우아한 꽃과 더불어 부지런함에 있는 것 같다. 심심한 겨울 풍경에 색을 불어넣기 시작하는 꽃 중의 하나이기 때문이다.

해마다 목련꽃과 더불어 봄은 오지만 이제 엄마의 연분홍 빛 봄날은 갔다. '꽃이 피면 같이 웃고 꽃이 지면 같이 울던' 아이들은 모두 떠났고 엄마의 육신은 점점 일이 겁나는 70대 후반에 들어섰다. 엄마의 육체적 봄날은 갔지만 우리는 문득 목련만 보면 발길을 멈춘다. 그리고 너무나 궁핍하여 절대 봄날이 아닐 것 같았던 그 시절이 안타깝게도 엄마에게는 진정한 봄날이었음을 알게 되었다. 목련에 대한 아름다운 추억 때문에 엄마도 우리도 외롭지 않게 세상과 조화를 이루고 있으며 나는 당분간 목련 그림을 보면서 '봄날은 간다'를 부를 것 같다. 그리고 아직 어딘가에 남아있을 것 같은 나의 봄날을 애타게 기다리며 오늘도 굳건히 서 있다.

밥이 보약이다

오늘의 도시락 메뉴는 신 김치에 식용유를 넉넉히 두른 다음 어묵을 썰어 넣은 김치볶음밥이다. 한참 먹을 나이들이어서 이것만으로는 부족하다 싶어 만두를 노릇하게 구워 곁들이고 나도 일할 채비를 갖추는 아침은 시간과의 전쟁이라 할 만큼 바쁘다.

우리 큰아이는 조그만 회사를 운영하는데 직원들이 모두 미혼인 한국 청년들이다. 이들에게 하루에 식사를 세 번 해야 한다는 것은 골치 아픈 문제다. 아침은 우유에 시리얼, 점심은 대부분 라면으로 대충 때우고 육체노동을 하다 보니 오후가 되면 모두 지쳐서 보기에 딱했다. 직원들 모두 부모에게는 귀한 자식이며 더군다나 만나면 인사가 '밥은 먹었나?'로 시작해 '언제 밥 한번 먹자'로 끝날 정도로 먹는 것을 중요하게 여기는 것이 한국 문화다. 그런데 타국에서 굶기를 밥 먹듯 하는 것을 만약 그들의 부모님들이 안다면 얼마나 가슴 아플까? 라는 생각에 자청해서 도시락을 싸기 시작했다.

뜻밖의 도시락에 직원들은 집 밥이라며 환호했고 심지어 된장찌개를 보고 엄마 생각난다면서 눈시울을 적시는 친구도 있었다. 그들의 한결 같은 성원과 식사 후의 활기찬 모습을 보면 뿌듯한 생각이 들어 가끔 귀찮다는 생각이 들어도 엄마의 마음으로 꾸준히 도시락을 준비하고 있는 것이다.

그런데 아침마다 도시락을 준비하는 바쁜 모습은 비단 우리 집 뿐 만 아니라 브리즈번의 웬만한 가정집이라면 흔히 볼 수 있는 풍경이다. 한국은 학교나 직장에서 점심을 제공하는 곳이 많아 주부의 일손이 한결 가벼운데 비해 이곳은 스스로 준비해야하는 번거로움이 있다. 사정이 이렇다 보니 대형 슈퍼마켓에 가면 손쉽게 끼니를 해결할 수 있는 인스턴트식품이 많고 매주 화요일이면 피자 데이(Pizza Day)라고 해서 피자나 패스트푸드를 평소보다 저렴하게 판매한다.

사람들은 이날을 기다려 보다 싼 값에 음식을 구입하여 시리얼을 포함한 곡류와 과일을 곁들여 간편하고 소박하게 점심식사를 한다. 원래 점심의 유래가 아침과 저녁 사이 '마음에 점을 찍듯 간단하게 요기' 하는 것이고 보면 이들의 점심식사야말로 오후를 위한 간단한 에너지 충전 행위에 가깝다고 할 수 있다.

그러나 우리부부의 식사 패턴은 아침은 바쁘니까 대충 먹고 '간단하게 요기만 한다'는 점심은 오히려 푸짐하게 먹으려고 애를 쓴다. 식탐이 강한 나는 삼시 세끼 먹는 즐거움으로 산다고 해도 과언이 아닌데 아침을 대충 먹으면 그 보상심리로 제대로 된 점심 먹기에 열을 올리는 것 같다. 제대로 된 점심이란 두말할 나위 없이 국과 김치에 생선 한 조각을 곁들인 한식을 의미한다.

외국에서 한식을 고집하면 식품비가 많이 들기 때문에 주변사람들은 점차 퓨전 식단으로 바꾸는 추세이다. 그런데 나는 태생이 시골 사람이라 빵과 유제품을 섭취하면 속이 더부룩하고 허(虛)해서 깨끗이 호주 식을 단념했다. 그리고 시간이 지날수록 더 토종 음식에 집착해 인터넷에서 조리법을 검색하며 생활하고 있는 중이다.

다행히 일하는 친구들은 입맛이 많이 서구화되어 한식은 물론 햄버거를 비롯한 인스턴트식품과 덮밥 류도 좋아하니 도시락 준비가 그렇게 어렵지만은 않다. 넓은 사각 통에 고슬고슬하게 지은 밥을 가득 담고, 한두 가지 준비한 반찬들을 조심스럽게 도시락 가방에 넣으면서 촌스럽고 가끔은 부끄러웠던 학창시절의 내 도시락을 떠올렸다. 기억 속의 내 도시락은 특별한 날 며칠을 제외하고는 언제나 꽁보리밥에 짠지무침과 김치가 전부였다.

나의 초등학교는 면 소재지에 있어 대부분의 친구들 형편이 고만고만했다. 그런데 중·고등학교는 읍내에 있다 보니 같은 반 친구들과는 여러모로 비교가 되었다. 관광업이 주산업인 읍내여서 상업과 요식업이 발달했고 친구들 부모 역시 그런 업종에 종사해서 농사꾼인 우리 부모님과 현저한 차이가 있었다. 다행히 학생인 우리는 교복을 입어 겉모습에서는 뚜렷한 차이를 발견할 수 없었는데 도시락만큼은 예외였다.

지금 생각해보면 그렇게 오래된 이야기도 아닌데 낙후된 동네 탓인지 아니면 가난한 우리 집 살림 탓인지 어쨌든 나의 도시락은 언제나 쌀보다 보리가 많아 검은 색에 가까웠다. 반찬은 더 형편없어 봄부터 여름방학까지는 김치와 무짠지 무침이었고 간간이 어묵과 멸치조림이 특별 반찬으로 등장했다. 엄마는 멸치조림을 할 때 중간 크기의 멸치와 어린 고추를 넣어 간장으로 조렸다. 간장 멸치조림은 따뜻할 때 먹으면 일품이지만 도시락에 넣으면 식어서 비린내를 풍기고 게다가 모양도 단정치 못해 한참 감수성이 예민한 나를 번번이 기죽게 만들었다.

부잣집 막내딸인 내 짝꿍은 비록 읍내에 살지는 않았지만 닭도 키우고 과수원도 있어서 항상 계란말이와 과일이 든 도시락을 가져왔다. 친구 엄마는 같은 멸치를 준비해도 잔멸치를 윤기 있게 볶아 깨소금을 얹으니 보기만 해도 침이 넘어갈 정도로 예쁜 도시락을 만들어 보냈다. 그런 친구 도시락과 비교되어 뚜껑을 반만 열고 먹으면 눈치 빠른 친구는 얼른 자신의 계란말이를 내 밥 위에 얹어 보리밥을 가려주면서 내 기분을 맞춰주었다. 그런 궁핍한 내 도시락이 인기 만점인 날이 있었는데 바로 혼식 검사 날이었다. 당시에는 일선 학교에서 정부의 혼식 권장 지침에 따라 가끔씩 도시락을 검사하곤 했다.

그날이 오면 주변의 친구들은 내 밥을 퍼서 도시락 표면을 적당히 위장하였고 검사가 끝나면 일등공신인 내 주변으로 모여 깔깔거리며 즐거워했다. 아마 지금의 교실상황이라면 난 영락없는 왕따였을 것이다. 그러나 그때는 가난이 부끄러움이라 생각하는 친구도 별로 없었고 가난을 바라보는 주변 시선 역시 따뜻하고 격려하는 분위기였다. 1년 내내 반찬의 변화가 별로 없었던 도시락이 증명하듯 나는 가난했지만 친구들은 나를 절대로 소외시키지 않았다. 오히려 우스갯소리 잘하고 공부 열심히 하는 친구라고 자랑스럽게 여기면서 꿈 많은 학창 시절을 함께했다.

친정엄마와 나는 가끔 요즘 학생들의 문제점을 이야기하다가 자연스럽게 우리 자매들의 학창 시절을 회상하곤 한다. 그럴 때마다 엄마는 과분하게 잘 자라줘서 고맙다고 말씀하신다. 사실 내가 부모가 되기 전에는 크던 작던 내가 이룬 모든 성취는 나의 노력 덕분이라는 오만한 생각을 했었다. 그런데 이제 내가 그 입장이 되어 보니 부모님의 심정을 십분 헤아릴 수 있게 되었다. 무녀리라 체구도 작았고 늘 잔병치레 하던 나에게 밥이 보약이라며 보리밥만 겸연쩍게 권하시던 그 심정과 소풍 날, 화려한 김밥 대신 변함없는 보리밥에 무짠지를 줄기차게 싸야했던 가난한 모성애를.

그러나 어머니, 당신이 눈물로 마련했던 그 보리밥으로 다진 기초 체력 덕분에 오늘도 나는 활기차고 건강하게 하루를 맞이하고 있답니다.

아름다운 청년들

카톡에 반가운 메시지가 떴다. 우리와 함께 서너 달 일도 하고 영어 공부도 열심히 했던 승일이란 학생이 귀국하더니 졸업과 동시에 취업이 되었다는 기쁜 소식이다. 게다가 정식 출근 전에 호주를 한 번 다녀간다는 내용이다. 그렇잖아도 무슨 기념일만 되면 그리움이나 쓸쓸함이 스멀스멀 기어 올라와 며칠 우울한 것이 이민생활이다. 그런데 일주일 동안 그것도 친 누나와 함께 방문한다는 연락을 받고 오랜만에 들뜬 연말연시를 맞이하게 되었다.

체결 국가 간 1년 동안 여행도 하고 부가적으로 취업과 학업을 병행할 수 있는 워킹 홀리데이 비자(Working Holiday Visa)는 도전 정신과 자립심이 강한 한국의 젊은이들을 호주로 끌어들이는데 한 몫 하고 있다. 퀸스랜드(Queensland) 주(州)의 도청 소재지 격인 이곳 브리즈번(Brisbane)은 유수한 대학도 많고 시내 주변에 일손을 필요로 하는 공장들도 제법 많아 여러 나라에서 온 젊은이들로 주말 저녁의 시내는 늘 활기차다.

워홀러는 워킹 홀리데이 비자 소지자를 지칭하는데 처음 브리즈번을 방문하게 되면 먼저 거처를 구하고 도시 주변을 탐색한 뒤 보통 한 달 내에는 일자리를 마련한다. 이때 호주의 좀 더 다른 매력을 체험하고 싶은 사람들은 멀리 공장이나 농장을 찾아 이곳을 떠난다. 그러나 영어학원에 등록하거나 이곳의 순박한 인심과 여유가 그런 대로 적응하기 괜찮다 싶으면 그대로 눌러앉아 주변에서 할 만한 일을 찾는다. 미리 준비한 영어는 외국인들이 운영하는 사업체에서 일자리를 찾는데 약간의 도움이 되기도 하지만 대부분의 워홀러들은 교민들이 운영하는 사업체에서 당분간 동고동락하는 순서를 밟는다.

승일이도 그중의 한 사람이었다. 그는 처음 우리와 함께 일을 했는데 워낙 공부의 기본이 탄탄하고 열린 생각을 갖고 있어 금방 다국적 친구들을 많이 사귀게 되었다. 여러 나라 친구들과의 교류는 그의 영어 실력을 향상시켰고 타국의 문화를 알 수 있는 좋은 기회가 되었다. 귀국 후 그는 타국에서 생활하듯 근면하고 성실하게 공부하여 심각한 취업난에도 불구하고 본인의 적성과 전공에 맞는 좋은 직장에 취업한 것이다.

그리고 자신의 성취가 짜임새 있었던 호주 생활에서 비롯된 것이라 생각하고 졸업과 동시에 새로운 각오를 다질 겸 금의환향하는 마음으로 다시 방문한 것이다. 우리는 승일이가 큰아들과 동갑이고 한참 일손이 부족할 때 궂은일마다 않고 열심히 일해 줘서 아들처럼 기특하고 고맙게 여겼었다. 그런데 잊지 않고 또 다시 방문했으니 혈육을 맞이하듯 최선을 다했다.

우리는 승일 남매의 접대를 핑계 삼아 젊은 친구들이 많이 모인다는 시내 근교의 마운틴 쿠사(Mt. Coottha)에서 야경을 즐겼다. 그리고 그림처럼 아름다운 골드코스트 백사장이 한눈에 보이는 전망대에서 여유 있는 식사를 즐겼다. 짧지만 즐거운 시간을 보낸 승일이는 다음 방문을 기약하며 한국으로 돌아갔고 나는 떠나가는 그의 뒷모습에서 또 한 친구와의 꽃처럼 아름다운 인연을 떠올렸다. 그 주인공은 지금 춘천에서 전기 기술자로 일하고 있는 규만이라는 청년이다.

규만 씨 역시 워홀러로 시내 근처의 햄 제조 공장에서 일했었다. 그는 햄 공장에서 새벽부터 오후 2시까지 일했는데 퇴근시간 이후를 좀 더 알차게 보내고 싶어 우리 일을 지원했다. 처음 규만 씨를 만나던 날, 그는 여성처럼 꽃분홍색 티셔츠에 노란 반바지를 입고 있었는데 나이에 비해 앳되어 보였으며 체격이 왜소했다. 첫눈에 우리 일을 하기에는 체력이 약해 보여서 마뜩치 않던 중 뜻밖에 나와 고향이 같아 반가움에 덥석 그의 손을 잡았다. 손을 잡고 보니 미덥지 않던 체격 조건은 그의 의지를 더욱 빛나게 했으며 어눌한 말투는 순수함을 한층 돋보이게 하는 등 모든 상황이 반전되어 즉시 함께 일을 하게 되었다.

규만 씨는 꽃처럼 아름다운 청년이었다. 새벽부터 밤늦게까지 일을 하는데도 피곤한 내색 없이 열심히 했고 오히려 내가 힘들까봐 수시로 나의 컨디션을 체크했다. 게다가 함께 일하는 동생뻘 되는 또 한 명의 친구를 마치 동기간처럼 살뜰히 챙겨 주었다. 일주일에 한 번씩 그가 일하는 햄 공장에서는 직원들에게 생산품을 저렴하게 구입할 수 있는 기회를 주었다. 그는 항상 그 기회를 이용해 베이컨이나 햄, 육포 등을 넉넉히 구입해서 우리에게 나누어 주었다.

얼마간의 시간이 흐른 뒤, 우리는 이모와 조카처럼 허물없이 서로의 고민을 주고받게 되었다. 그는 자신의 전공이 적성에 맞지 않아 학업을 중단한 것과 외국인과의 의사소통에 문제가 있는 것에 대해 부끄럽다고 수줍게 고백했다. 그리고 귀국하면 반드시 공부를 다시 시작하겠다는 포부를 조심스럽게 선포하고 워홀 비자가 만료되는 시점에 한국으로 돌아갔다.

우리는 서둘러 그의 빈자리를 다른 젊은이로 채우고 일상은 변함없이 흘러갔는데 어느 날, 그에게서 뜻밖의 우편물이 왔다. 검은 비닐봉지로 꽁꽁 동여 맨 내용물은 그 해 수확한 고만고만한 육쪽 마늘과 서너 근이 족히 넘어 보이는 때깔 고운 고춧가루였다.

나는 그가 브리즈번을 떠날 때 변변한 선물도 못해줘서 내심 마음이 편치 않았었는데 이렇게 거꾸로 선물을 받고 보니 그야말로 몸 둘 바를 몰랐다. 그가 보낸 귀한 농산물을 먹으면서 그의 정성과 아름다운 마음씨를 내내 생각했다.

그리고 이듬해 봄, 규만 씨는 나에게 선포한 대로 기술대학교 학생이 되었고 난 잠깐 한국을 방문했다가 다시 대학생이 된 그를 만났다. 전철 앞에서 나를 기다리던 그는 얼마나 의젓하고 대견스럽던지 나는 한결 넓어진 그의 어깨를 토닥거리며 한동안 말을 잊었었다. 헤어질 때, 나는 선물 받았던 마늘과 고춧가루 값을 조심스럽게 지불하면서 위로와 격려의 말을 아끼지 않았다. 그리고 또 시간은 흘러 그는 졸업과 동시에 웬만한 사람이면 모두 알 법한 강원도 춘천 소재의 좋은 회사에 전기 기술자로 취직이 되어 착실하게 직장생활을 하고 있다.

요즘 한국의 젊은이들은 금수저, 흙수저 운운하면서 자신의 노력보다는 주변 환경을 탓 하는 경우가 많다고 한다. 생각건대 규만 씨의 환경은 요즘 젊은이들의 기준으로 볼 때 흙 수저에 가깝다. 그러나 그는 절대로 환경 탓을 하여 듣는 주변을 불편하게 하지 않았으며 모든 것을 자신의 탓으로 겸손하게 생각하는 사람이다. 어디서든 진지하게 최선을 다하는 그의 모습은 꽃처럼 아름답게 내 의식 속에 각인되어 있다.

아마 조만간 그는 쑥스럽게 자신의 결혼 소식을 우리에게 알릴 것이다. 그러면 우리는 기다렸다는 듯이 신혼여행은 반드시 브리즈번으로 오라고 권유할 작정이다. 이런 아름다운 사람들과의 추억 때문에 나는 타국에서도 결코 외롭지 않으며 당당하고 행복하게 오늘을 살고 있다.

아빠하고 나하고

이사를 하면서 나에게도 조그마한 정원이 생겼다. 집을 사고자 결정했을 때 남편은 차고가 넓은 집을 원했고 나는 좀 더 까다롭게 부엌과 화장실 그리고 반드시 정원이 넓은 집이어야 한다고 주장했었다. 그런데 적은 예산으로 이 세 가지 조건을 만족시킬만한 집은 흔치 않아서 결국 부엌과 화장실이 깨끗하며 서운하나마 작은 정원이 있는 이 집을 선택했다. 우리가 이사왔을 때, 정원에는 키 큰 나무 몇 그루와 들쭉날쭉한 야생 수선화가 많았는데 제대로 관리를 안 해서 지저분한 느낌이 들었다. 그래서 이것들을 제거하고 땅을 고르고 거름을 충분히 한 후 동백나무와 향이 좋은 치자나무를 울타리에 심었다. 그리고 고향집 국화가 그리워 며칠 동안 나무 시장을 기웃거렸지만 결국 찾지 못하고 국화와 꽃만 비슷한 데이지를 군데군데 심었다. 어설프지만 어지간히 채워진 정원을 뿌듯하게 바라보며 기억 저편

내 어릴 적의 꽃밭을 떠올렸다.

내가 자랄 적 우리 시골의 가옥 형태는 보통 방이 세 칸이며 대청마루와 부엌 그리고 안뜰과 뒤뜰이 담 안쪽에 있었고 담 밖으로는 마당과 화장실이 멀찌감치 자리하고 있었다. 그중에 안뜰은 가족 모두의 공간으로 중심에 수도가 있었다. 가족들은 이곳에서 세수와 빨래는 물론 부엌에서 사용되는 식재료를 씻고 설거지를 했다. 보통 수돗가 주변에는 키 작은 일년초들이 옹기종기 자리 잡고 있어서 우리는 허드레 물을 알뜰하게 모아 그 식물들을 키웠다. 대문을 열면 가장 먼저 보이는 곳, 그래서 그 집안의 얼굴 역할을 하는 곳이 안뜰이라면 집안의 가장 깊숙한 곳에 위치한 뒤뜰을 우리 고장에서는 '뒤란'이라 불렀다.

뒤란은 터줏대감 격인 장독대와 빨랫줄 그리고 소박한 꽃밭으로 이루어졌는데 주로 집안 여자들만의 공간이기 때문에 안뜰보다 더 아기자기한 사연이 많았다. 그 집안의 살림 규모와 솜씨를 가늠하게 하는 장독대에서는 사철 각종 장류를 비롯한 장아찌까지 큼큼한 냄새를 풍기면서 삭았다. 또한 그곳은 치성의 장소로 신성시 여겨 명절이나 집안의 대·소사가 있으면 약간의 음식과 정화수를 장독 위에 준비해 놓고 가족의 건강과 안녕을 빌었다. 이밖에도 안주인들은 오롯이 자신들만의 공간인 뒤란에 일용할 양념류나 나무새 등을 심고 유실수들을 가꿔 가족들에게 주전부리를 공급하기도 했다. 그리고 자투리 땅 구석구석 심은 꽃으로 위안을 삼으며 집집이 포기 나누기를 통해 이웃 간의 정을 도탑게 했었다.

뒤란 가꾸기가 안주인들의 영역이었던 보통 집과는 달리 우리 집은 아버지와 나의 공간이었다. 내성적인 아버지는 꼭 필요한 일 이외에는 가급적 바깥출입을 하지 않으려 했고 그런 아버지를 대신해 씩씩하고 억척스러운 엄마가 바깥일을 했다. 그렇다고 아버지가 엄마 대신 안살림에 전념한 것은 아니고 다만 작은 뒤란에 제철 푸성귀를 가꾸어 밋밋한 밥상에 신선함과 계절의 미각을 알게 해주신 정도다.

내가 초등학교 고학년이었던 어느 해 봄, 친구 집에서 어린 황매화 몇 그루와 칸나의 구근을 얻어왔다. 소도시에서 살다 온 친구네는 생업이 농사가 아니었기 때문에 상대적으로 부모님들이 시간이 많았다. 그래서 그분들은 뒤란을 멋지게 가꿀 수 있었는데 봉숭화나 채송화 같은 일년초는 물론 당시만 해도 귀했던 유실수와 모란, 작약, 도라지와 같이 뿌리나 잎이 약용 역할을 할 수 있는 것들로 가득했다. 그분들은 꽃 인심도 넉넉해서 찾아오는 이웃들을 마다하지 않고 정성껏 기르는 법을 가르쳐 주며 씨앗과 모종을 나누어 주곤 했었다.

어른을 대신해서 얻어온 귀한 화초를 보고 아버지는 대견해 하시면서 햇빛 잘 드는 곳에 황매화 어린 나무들을 심고 칸나 뿌리는 담 귀퉁이에 묻으셨다. 아버지의 삽질은 언제나 시원시원했고 나는 힘껏 물을 길어 구덩이에 붓고 크고 작은 돌멩이로 경계를 만들면서 채송화와 봉숭아를 덧심었다. 지금 나는 황매화의 그 진한 노란색과 동전만한 꽃, 빼곡한 꽃술을 알지만 당시만 해도 어떤 색의 꽃이 얼마만한 크기로 어떻게 피는지 전혀 몰랐다. 다만 좁고 허전한 우리 집 뒤란이 친구네처럼 아름답고 화려하게 변신하기만을 조바심 내며 기다렸었다. 그러나 그해 아버지와 내가 만든 꽃밭은 기대만큼 화려하지 않았고 우리 뒤란의 토박이꽃들만 지천으로 피고 졌을 뿐이었다.

황매화와 칸나에 대한 짝사랑이 시들해질 어느 해 봄, 마침내 황매화는 울타리를 따라 빼곡히 황금빛을 토해냈다. 그리고 뒤이어 땅 밑에서 옹골차게 영역을 넓혔던 칸나도 합세하여 늦가을까지 그 붉은 빛으로 우리 집 뒤란을 축복해 주었다. 뒤에 안 사실은 해마다 봄이 되어 새싹이 돋으면 아버지는 세심하게 포기나누기를 해서 잘 번식할 수 있도록 관리했던 것이다. 쉽게 실망하고 포기한 어린 딸과는 달리 아버지의 꾸준한 정성이 우리 뒤란에 놀라운 변화를 가져온 것이다.

그러나 그 찬란했던 아버지와 나의 꽃밭은 몇 해를 넘기지 못하고 사라졌는데 어느 혹독한 겨울 추위에 칸나의 뿌리가 얼어버렸다. 새싹 관리는 할 줄 알았으나 칸나의 구근이 추위에 약하다는 사실을 아버지와 딸은 미처 알 지 못했던 것이다. 칸나 없는 뒤란을 황매화가 그럭저럭 버티고 있었는데 무슨 이유인지 황매화도 예전 같지 않다가 장독대를 보수하는 과정에서 그나마 자취를 감추었다. 황매화와 칸나가 사라진 이후에도 아버지와 나의 꽃밭 가꾸기는 해마다 봄이면 연례행사처럼 계속되었다.

나는 언제나 적극적으로 세상과 소통해서 갖가지 사연을 담은 모종과 묘목들을 날라 왔고 아버지는 늘 묵묵히 땅을 파시고 그것들을 소중히 심어 한 울타리에서 조화를 이루게 했다.

지금 아버지는 단추 국화를 비롯하여 대국, 소국 온갖 종류의 국화 주인이 되셨다. 한 해 두 해 경험이 쌓여 이제 국화 키우기의 달인이 되신 것이다. 그리고 아버지와의 추억을 간직한 채 내 꽃밭을 그렇게 갈망했던 나는 한국의 토종 꽃 대신 머라야, 부겐베리아 등 이름도 생소한 꽃과 나무를 여기 이 땅에 심고 희망과 안식을 얻고 있다. 어릴 적 아버지와 함께 꽃밭을 가꾸며 설레었던 그 마음을 간직한 채.

옥수수 단상

모처럼 청과물 도매시장인 브리즈번 마켓에 갔다. 이곳은 대형 매장이나 영업점에 도매로 물건을 파는 곳인데 매주 목요일과 금요일 오전 10시부터는 일반인들도 $5를 내고 입장이 가능하다. 한국의 농산물 시장을 연상케 하는 이곳은 제철 과일이며 채소들이 박스마다 가득 담겨 있어 보기만 해도 풍요롭고 간간이 만나는 고국 사람들과의 간단한 인사도 정겹기 그지없다. 필요한 채소와 과일을 사고 그 옆에 있는 꽃 도매시장까지 한 바퀴 돌고나면 눈도 즐겁고 비록 돈을 주고 산 물건일망정 내가 추수한 수확물처럼 뿌듯하고 행복하다. 처음 이곳을 알게 되었을 때에는 재미삼아 자주 갔었는데 물건의 질이라든가 너무 많은 양은 오히려 낭비를 초래하는 꼴이 되어 방문 횟수를 줄였었다. 그런데 마침 오늘은 손님이 있어서 구경 차 함께 간 것이다.

오랜만에 찾은 마켓은 여전히 사람과 배송 차들로 북적였으며 각양각색의 과일과 채소가 손님들을 유혹하고 있었다. 그 중, 내 눈길을 단박에 잡아챈 것은 옥수수였다. 난 옥수수를 볼 때마다 아버지가 생각난다. 술 이외에는 음식에 대한 사치나 욕심이 없어 행여 귀한 음식을 보면 주섬주섬 싸다가 자식들을 먹였던 아버지가 유일하게 당신 몫을 끝까지 챙기는 것이 옥수수였다. 그래서 엄마는 옥수수 철이 되면 일부를 냉동실에 보관했다가 두고두고 아버지의 간식으로 제공했으며 우리들도 시장이나 관광지 주변에서 옥수수를 만나면 몇 개 더 사서 보관했다가 아버지께 선물하곤 했었다. 그러면 빙그레 웃으시며 촘촘히 박힌 옥수수를 한 알도 빠짐없이 맛있게 즐기곤 하셨다.

아버지는 평생 농사와 공사판 인부로 뒤틀린 손가락과 발가락 마디를 훈장처럼 가지고 계신 전형적인 시골의 70대 후반 노인이시다. 특별히 또래 노인과 다른 점이 있다면 청각장애가 있기 때문에 낯선 사람과의 대화를 기피하고 언제나 혼자서 묵묵히 뭔가에 열중하신다. 아버지 개구쟁이 시절, 높은 대청마루에서 발을 잘못 디뎌 안뜰로 떨어졌는데 그날 밤, 고열과 함께 경기를 서너 번 하더니 거짓말처럼 듣지를 못하게 되었다는 것이 할머니의 한숨 섞인 설명이다. 지금처럼 의학이 발달하지 않았던 시절, 조그만 시골마을에서 있을 법했던 작은 사건은 당신 자신은 물론 1남 3녀 자식들의 삶에 적잖은 영향을 끼쳤다.

청각장애를 갖고 단 한 번의 교육혜택도 없이 시골에서 자란 아버지가 할 수 있는 일은 오로지 농사일과 할아버지를 도와 대

가족을 먹이는 일꾼 역할뿐이었다. 이른 봄 논갈이를 시작으로 초겨울 땔감 정리까지 아버지는 그렇게 고달픈 청소년기를 보냈다. 결혼 적령기가 되면서 친구 분들이 하나, 둘 결혼하여 가정을 갖게 되자 아버지는 한 달 넘게 바깥출입을 금하며 자신의 불편한 심기를 표출했다. 어렵사리 중매쟁이의 소개로 섬마을 어린 색시를 아내로 맞이하여 분가했다. 쌀 여덟 가마를 주고 마련한 살림집은 어느 부잣집의 행랑채로 쓰였던 곳으로 마당도 없고 햇볕조차 제대로 들지 않는 옹색한 곳이었다. 그래도 그 속에서 해마다 채송화, 봉숭아 피어나고 1남 3녀, 아이들 태어나 무탈하게 잘 자랐다.

장녀인 나는 학교에서 돌아오면 부모님을 대신해 집안일과 동생들을 돌보았는데 당시 내가 제일 부러워했던 것은 집집에 딸린 알뜰한 텃밭이었다. 잃었던 입맛을 찾게 해주는 봄채소와 꽃들의 향연, 여름의 풍성함, 가을걷이의 겸허함과 겨울텃밭의 소중한 휴식은 생로병사 인간사와 닮은, 사색과 철학의 공간이었다. 게다가 주전부리 감이 풍요롭지 못했던 시절 가족들에게 알뜰하게 간식을 제공하는 곳이기도 했다.

해가 긴 여름날, 일찍 저녁식사를 마친 어른들이 모깃불 주변으로 모여들면, 반딧불이 숫자만큼 아이들까지 모여들었다. 아이들은 노랗게 갓 삶은 옥수수를 들고 나와 하모니카 불 듯 단숨에 먹어 치우기도 하고 자랑하듯 야금야금 천천히 뜯기도 했다. 자존심 강한 나는 애써 옥수수를 외면하며 그 자리를 뜨곤 했는데 성격 좋고 융통성 있는 둘째 동생은 어느 날 친구로부터 삶은 옥수수 두 개를 얻어왔다. 그 밤에 우리 남매들은 얻어온 옥수수를 반으로 나눠 각자 자기 몫을 챙기고 누가 더 오래 먹나 시합을 하면서 안타깝게 만지고 핥던 기억이 새롭다.

그 즈음, 이웃마을의 과수원을 외지사람들이 사기 시작했다. 그들은 수지타산이 맞지 않는 과수원을 없애고 젖소를 키우는 목장으로 전환했다. 과수원이 주었던 달콤한 향기와 풍요로움은 풀을 뜯는 젖소와 요란한 트랙터소리 그리고 거대한 오물더미와 푸른 옥수수 밭들로 바뀌었다. 풍경뿐만 아니라 시골마을의 노동 구조에도 큰 변화가 왔다. 열매를 솎고 수확하고 선별하는 과수원 농사는 비교적 여성의 노동력이 많이 필요했다. 반면 목장의 일은 울타리를 수리하고 오물을 치우고 젖소들의 먹이인 옥수수 농사 때문에 절대적으로 남성들의 몫이었다. 과수원에서 일했던 웃음 많았던 언니들은 일자리를 찾아 중소도시로 뿔뿔이 흩어지고 시골동네는 활기를 잃은 듯 적막했다.

그러던 어느 날, 아버지에게 목장 일을 같이 하자는 친구의 제안이 들어왔다. 농사처가 많지 않고 모내기만 끝나면 특별히 바쁜 일이 없어서 아버지는 그 일을 흔쾌히 수락했다. 저녁을 먹고 엄마와 함께 선선한 저녁 바람을 맞으며 동구 밖까지 아버지를 마중 가는 시간은 가족애와 자연의 감성을 기를 수 있는 오붓한 시간이었다. 집에 돌아온 아버지는 새참으로 목장 집에서 마련한 삶은 옥수수를 꼭 두 개씩 남겨와 우리에게 나누어 주셨다. 그리고 오물과 풀물, 황톳물로 빨아도 쉽게 지워지지 않는 옷을 벗어 놓고 장독대에 앉아 맛있게 담배를 피우시며 고단한 하루를 마무리 하셨다. 그때 우리 남매들은 얼마나 행복했던지, 두 개의 삶은 옥수수에 팔려 새참을 거른 아버지의 출출함과 고단함을 아무도 헤아리지 못했다.

호주로 떠나오기 몇 해 전, 우리 집을 가로 막았던 큰 집이 매물로 나왔다. 그 집에 살던 분들이 모두 장성하여 대도시로 떠나고 오랫동안 빈 집으로 있었는데 우리에게 살 것을 제안했다. 워낙 큰 집이라서 가격이 만만찮을 것으로 생각했는데 의외로 제안 가격이 비싸지 않았다. 유년의 꿈을 보상받듯, 나는 기쁜 마음으로 그 집을 샀고 아버지는 꿈에 그리던 당신의 텃밭을 만들었다. 그러나 예전처럼 텃밭에서 생산된 각종 채소와 열매를 맛있게 먹었던 자식들은 이미 떠난 지 오래다. 더군다나 살림밑천이라는 첫째 딸과 하나 밖에 없는 아들 녀석은 한국도 아닌 해외로 떠났으니 아버지의 상심을 어찌 말로 표현할 수 있으랴!

통신 산업의 발달로 전화번호만 누르면 해외도 국내처럼 쉽게 통화는 물론 화상 통화도 가능한 시대가 되었다. 하지만 이 모든 문명의 이기(利器)는 예나 지금이나 여전히 아버지를 소외시키고 있다. 그러나 그것보다 더 슬픈 현실은 아버지께서 점점 기억을 상실하고 오로지 옛 사람과 익숙했던 것들만 희미하게 기억하고 계신다는 것이다. 밭머리에 서서 채 익지 않은 옥수수와 감을 따내는 바람에 제대로 된 열매를 맛보지 못한다는 엄마의 푸념이 나를 서럽게 한다. 그러다가 가끔 기억이 되돌아오면 벽에 걸린 자식들의 사진을 물끄러미 쳐다보며 큰애, 작은애 하면서 자랑스럽게 당신의 자식들을 기억해낸다고 한다. 그때 아버지의 표정은 가을날 마른 옥수숫대처럼 쓸쓸하고 위태로워 보인다고 가까이 사는 막냇동생은 전한다. 시간은 사람을 기다리지 않는다고 했는데 언제 나는 아버지 곁에 앉아서 옥수수 한 솥 쪄놓고 구수한 옛날이야기 할 수 있을까? 과연 아버지는 사진 속 모습과 많이 변한 나를 당신의 큰 애기로 기억해낼 수 있을까? 속절없이 가는 세월이 안타깝기만 하다.

집은 가꿀수록 아름답다

우리 이웃들은 모두 70세를 훨씬 넘긴 노인들이다. 외모는 누가 봐도 주름이 많고 허리도 구부정하며 머리가 은백색인 노인이지만 젊은이들 못지않게 부지런하게 활동을 하신다. 80세에 가깝지만 여전히 빌더(Builder)로서 활동하시는 폴(Paul) 할아버지는 물론 비록 경제적 활동을 하지는 않지만 운동으로 아침을 활기차게 열고 집 안팎을 살뜰히 살피는 옆집 데이비드(David) 할아버지의 모습을 우리 부부는 미래의 노년상(像)으로 삼고 존경한다.

일을 마치고 집으로 돌아오는데 데이비드 할아버지는 집 둘레에 사다리 같은 구조물을 설치하고 막 큰 공사를 시작하는 참이었다. 우리 부부를 보자 집 외곽 전체를 페인트칠 할 계획을 말씀하셨다. 우선 페인트칠 할 부분을 깨끗이 물청소 한 후, 결을 곱게 하기 위해 울퉁불퉁한 면을 사포로 정리해주고 밑 작업이 끝나면 본격적으로 칠을 할 것이라고 신바람 나서 설명해 주셨다.

페인트 작업은 시간이 많이 걸려서 보통 전문 업체에 맡기기도 하는데 가격이 비싸고 일처리도 꼼꼼치 못해서 당신은 스스로 하신다고 은근히 자랑까지 곁들였다. 많은 설명에 비해 우리 부부의 반응은 늘 너무나 소박해서 엄지손가락을 치켜 올리는 정도에 불과하다. 그리고 저 연세에도 스스로 성취하려는 할아버지의 열정만큼은 본받아야 한다며 서로 맞장구를 쳤다.

이후 그는 거의 한 달 동안 흰색과 짙은 초록색으로 외벽의 단장은 물론 집 안쪽도 말끔히 페인트 공사를 마치셨다. 그가 페인트칠을 하는 동안 할머니는 가끔 한 번씩 내다보면서 참견도 하고 마실 것도 챙겨주면서 부부애를 과시했다. 참고로 이곳의 주택 내부는 대부분 벽지가 아닌 페인트 공사로 마무리한다. 사철 더운 곳이기 때문에 도배의 보온 효과가 필요 없는 건지 아니면 개성이 강하여 벽지가 주는 미적 감각보다는 깨끗하게 페인팅 된 벽에 무엇인가를 창조해 넣는 것을 좋아하는 건지 알 수는 없지만 어쨌든 우리 집 내부만 해도 모두 흰색 페인트로 마무리 되어있다.

할아버지의 페인트 공사를 보면서 어렸을 적 시골집 대 공사를 회상했다. 우리 부모님의 경우 봄부터 가을까지는 농사일로 바빠서 집 단장은 감히 꿈도 못 꾸셨다. 다만 되는대로 안팎을 청소하는데 그쳤다가 가을 추수가 끝나면 엄마는 부엌을 손 보셨고 아버지는 지붕 수리를 연례행사처럼 했다.

우리 집의 부엌 구조는 일자형으로 바깥 창문에서 가장 왼쪽에는 국솥, 가운데는 밥솥, 그리고 물솥이 차례로 걸려 있었으며 가장 끝인 오른쪽에는 물둠벙이 차지하고 있었다. 수도가 없었기 때문에 필요한 물을 물지게로 길어다 물둠벙과 물솥에 비축해 놓아야 안심하고 물을 쓰던 시절이었다. 용도가 다른 솥들이 일렬로 걸려있는 부뚜막 뒤쪽으로는 나뭇간이 있었고 그 맞은편에는 찬장이 있어서 올망졸망한 식기류들을 보관했다. 아궁이에 불을 지펴 식생활을 해결했기 때문에 천장이 높은 부엌은 초겨울쯤 되면 그을음으로 굴속처럼 시커멓고 지저분했다. 다행히 아궁이가 불을 잘 빨아들이면 연기도 덜 나고 불 때기가 수월했는데 해마다 구들을 손봐도 여전히 우리 집 아궁이는 불을 잘 빨아들이지 못해 그을음이 온 부엌을 뒤덮었었다. 엄마는 긴 빗자루를 이용해 부엌의 그을음을 최대한 제거한 후 가까운 논에 가서 부드러운 매흙을 지게로 져왔다.

매흙은 황토흙과는 달리 잿빛으로 끈기가 있고 부드러웠으며 주로 논에 많았는데 이미 누군가가 크게 구덩이를 파놓았기 때문에 우리는 어렵지 않게 매흙을 가져올 수 있었다. 엄마는 그 흙에 물을 섞어 걸죽하게 반죽한 다음 수건에 반죽을 묻혀 천장부터 부뚜막까지 페인트칠 하듯 정성껏 발랐다. 집안의 살림 밑천인 큰딸이었던 나는 엄마의 작업 속도에 맞추어 대야에 담긴 매흙을 눈치껏 이리저리 옮겼다. 가끔씩 머리 위로 새 똥처럼 똑똑 묽은 매흙이 떨어졌고 매흙질이 끝난 엄마와 나의 얼굴은 갯벌을 뒤지고 온 개구쟁이처럼 온통 흙투성이었다. 하루 이틀이 지나면 모녀가 정성스럽게 발라 놓은 매흙이 뽀얗게 말라서 마치 시멘트 부엌처럼 근사해 보였다. 공간이 갑자기 환해지니 상대적으로 부엌에 있는 집기들이 지저분해 보여 하루 종일 대청소를 했었다.

엄마와 내가 부엌 청소에 매달릴 때 아버지는 새로 지붕을 얹기 위해 좁은 뒤란에 앉아 볏짚을 이용하여 이엉을 만들었다. 지붕 전체를 덮을 이엉은 특별히 어렵지 않아 금방 진도가 나가는데 비해 지붕 꼭대기를 마무리하는 용마름은 'ㅅ'자 형으로 엮기 때문에 한 동네 살고 계셨던 할아버지의 도움이 필요했다. 새로 덮을 초가지붕의 재료가 완료되면 동네 어른들과 품앗이로 지붕 공사를 했다. 지붕공사는 부엌 공사에 비해 품이 많이 들고 복잡했다. 헌 이엉을 낫으로 걷어내면 먼지는 물론 보금자리를 잃은 쥐들이 여기저기서 출몰하는 바람에 난 기겁하여 방안에 꼼짝 않고 앉아 있었다.

아침부터 시작한 지붕 공사는 오후가 되어 모든 작업이 마무리 되었다. 새 옷을 갈아입은 초가지붕은 어린 내가 보기에 시커먼 부잣집 기와집보다 더 따스하고 아늑해 보였었다. 특히 나는 초가지붕 위에 뜬 보름달과 흰 박꽃을 좋아했는데 그런 나를 위해 아버지는 해마다 박씨를 심고 박 넝쿨이 골고루 지붕을 탈 수 있도록 세심하게 관리하셨다. 어른들에게는 집 단장이 성가신 연례 행사였지만 어린 나에게는 시골의 소박하고 쾌적한 환경을 마음껏 즐기면서 순박한 감성을 키울 수 있는 계기였던 것 같다.

그렇게 몇 년 동안 연례행사처럼 집 단장을 했는데 시골 동네에 '새마을 운동' 바람이 불었다. '새마을 운동'의 첫 번째 실천은 주변 환경 개선 사업으로 노래 가사처럼 초가집도 없애고 마을 길도 넓혔다. 당시 초가집을 개량하는 가구에게는 정부에서 약간의 보조금을 지급했다. 우리 부모님은 이 행운을 놓칠세라 서둘러 초가집을 기와집으로 바꿨는데 일을 시작하게 되면 동사무소 직원이 출두하여 일하는 모습을 반드시 촬영해 갔다. 그때 아버지는 지붕 위에서 낫으로 낡은 이엉을 쳐내는 모습과 깨끗하게 기와를 올린 집 앞에서 사진 촬영에 임했던 기억이 새롭다. 지금으로 치면 개선 전과 개선 후의 사진이었으리라. 새마을 운동과 더불어 매흙질을 하던 부엌 역시 시멘트 부엌으로 바뀌었음은 두말 할 나위 없다.

어렸을 적부터 일하는 부모님을 돕고 자라서인지 나는 집 관리를 잘하는 편이다. 비교적 큰 공사라도 크게 귀찮게 생각하지 않고 시간과 품을 들이는 것을 즐기는 편이다. 더군다나 이곳은 주택이 많다 보니 유지 보수에 관련된 용품을 취급하는 곳도 많아서 의지만 있으면 초보자도 쉽게 접근할 수 있다. 몇 주만 방심해도 수북하게 자라는 잔디 관리며 화단 만들기, 뜨거운 햇볕에 조금씩 틈이 생기는 나무 계단에 오일 덧칠하기, 대문 페인트칠 등 조금만 손이 가면 훨씬 쾌적하고 아름다운 환경을 유지할 수 있다.

오늘 나는, 오랜만의 비 끝에 수북이 올라온 채소밭의 잡초를 호미질하면서 엄마의 음성을 떠올린다.

"집하고 여자는 가꿀수록 아름다우니 게을리 하지 말아라."

행복한 떡보

큰아들 생일을 빙자하여 인절미와 약식을 떡집에 주문했다. 이곳에는 떡집이 두 군데가 있는데 한국의 유명한 떡 가게 못지않게 떡을 맛있게 만든다. 우리 가족 중 둘째 아들과 나는 식성이 비슷해서 기름진 음식과 떡을 좋아한다. 그래서 밥 대신 떡으로 끼니를 때우며 이미 배가 불렀는데도 떡만 보면 슬그머니 손이 가 또 꾸역꾸역 먹게 된다. 밥 배 따로 떡 배 따로 있다더니 꼭 우리 모자(母子)를 이르는 말 같다.

한국에서는 떡 먹을 일이 심심치 않게 있었고 굳이 무슨 기념일이 아니더라도 시장에 가면 으레 떡집이 있으니 눈에 띄면 착한 가격으로 마음껏 즐길 수가 있었다. 그런데 이곳에서는 밥 대신 떡을 먹기에는 떡 값이 좀 비싼 편이다. 한국 마트에 가면 구색 맞춰 항상 떡이 준비되어 있지만 가격이 부담스러워 오늘처럼 특별한 날 주문해서 먹는다.

떡보인 나는 한번 주문할 때 되도록 많이 해서 냉동실에 벽돌 쌓듯 차곡차곡 쌓아 놓고 친정 엄마에게 떡 사연을 보고한다. 엄마는 나의 떡 자랑을 통해 딸네 형편을 가늠하시고 나는 어릴 적 누리지 못했던 고급 떡 취향을 맘껏 자랑함으로써, 은연 중 가난이라는 불편하고 자존심 상했던 기억들에 대해 보상받고 있는 것이다. 헤아릴 수 없이 많은 떡 중, 내 기억 저편에 자리 잡고 있는 떡은 시루에서 막 쪄내 김이 모락모락 나는 굿판의 시루떡이다.

큰 언덕이나 강을 경계로 부락을 이루고 비록 겉보기에는 고만고만하게 사는 것처럼 보이지만 자세히 들여다보면 각 마을의 특성이 엄연히 있었다. 우리 이웃 마을의 경우는 과수원이 많았으며 그 건너 마을은 읍내가 가까웠다. 따라서 두 마을은 우리 마을에 비해 외지 사람들과 소통이 잦았고 골고루 부유했다. 특히 신작로를 낀 마을은 일찍이 교회가 설립되어 그곳을 중심으로 주민 간 단결도 잘 되었고 교육열도 높았다. 거기에 비해 우리 마을은 규모는 컸지만 읍내와 멀어서 도시화가 더디었고 논농사 위주여서 더 고달프고 가난했다.

예나 지금이나 가난한 동네는 모시는 신(神)들도 많았고 모시는 방법도 다양해서 동네 언저리에는 은밀하게 버려진 사발무더기나 뿌려진 팥, 날알들을 쉽게 볼 수 있었다. 그중에 백미는 굿이었는데 보통 굿은 하루 저녁에 끝났지만 큰 굿의 경우 2, 3일씩 지속되는 경우도 있었다. 권태로웠던 시골마을의 굿판은 큰 볼거리여서 일찌감치 저녁을 마친 동네 아주머니들은 꽹과리가 요란하게 울리는 굿판에 하나 둘씩 얼굴을 내밀었다.

엄마는 굿 사이사이 흰 고깔모자를 쓴 무당의 지시에 따라 머리를 조아리며 열심히 시루떡을 쪄냈다. 멥쌀로 쪄낸 시루떡은 찰진 기라고는 하나도 없어 당신의 고단한 삶만큼이나 푸석푸석해 보였다. 굿판에는 흥미가 없었던 나는 모여든 구경꾼 아줌마들의 걸쭉한 입담과 직접 보았다는 그럴싸한 귀신이야기, 그리고 김이 설설 나는 시루떡 한 쪽에만 관심이 있었다. 그러나 어찌된 일인지 굿판의 끝은 보지 못하고 따뜻한 시루떡 한 쪽도 먹지 못한 채 어느 순간 까무룩 잠에 빠졌었다.

아침이 되면 부엌, 화장실, 장독대 등 집안의 요소요소에 네모반듯하게 잘린 퍽퍽한 시루떡이 모셔져 있었다. 굿을 한 다음날은 서로 인사는 물론 굿에 관련된 이야기는 절대 입에 올리면 안 된다는 엄마의 단단한 주의가 있었기 때문에 우리 형제들은 쉬쉬하면서 키득거렸다. 난 굿의 마지막과 막 쪄낸 시루떡 한 쪽을 먹지 못한 아쉬움에 툴툴거렸었다.

당시 우리 동네에서는 집안에 큰일이 있으면 으레 술을 빚고 과줄과 찹쌀떡(모찌)을 만드는 것이 유행이었다. 술 빚는 일은 안주인 혼자서도 할 수 있지만 그 밖에 음식준비는 잔손이 많이 가서 이웃끼리 서로 도왔다. 엄마가 이웃집 큰일을 도우러 가면 떡살이 쫀득하며 단팥으로 만든 소의 그 달콤한 맛이 그리워 밤늦도록 엄마를 기다렸었다. 그러나 정작 엄마가 얻어온 찹쌀떡은 더도 덜도 아닌 딱 식구 수만큼 이어서 실컷 먹어보는 것이 우리 형제들의 소원이었다. 그 단맛을 잊지 못해 밤낮없이 찹쌀떡 타령을 하면 엄마는 찰떡 대신 멥쌀가루에 무와 설탕을 듬뿍 넣은 무시루떡으로 우리의 투정과 식욕을 잠재웠다.

성인이 된 우리 형제는 매번 우리를 감질나게 했던 그 예쁘고 맛있는 떡들을 번갈아 실컷 사 먹으며 엄마가 보내주는 퍽퍽한 시루떡은 컴컴한 냉동실 한쪽에 얌전히 모셔 두었다. 그러나 사 먹는 떡들은 일회성 별미로 끝나고 나의 미각은 점점 어렸을 적에 먹었던 촌스런 쑥개떡과 시루떡으로 회귀하고 있으며 부엌 시렁 위에 크기 별로 포개져 있던 시루가 그립기만하다.

가끔 나는 엄마의 삶과 나의 삶을 비교해 볼 때가 있다. 내 기억에 친정엄마는 쌀가루나 밀가루만 있으면 주변에 흔한 재료를 얹고 익혀서 우리에게 먹였다. 봄부터 가을까지 흔전만전했던 쑥개떡이 그랬고 무시루떡이나 장떡, 술떡, 백설기 등이 그렇다. 내가 엄마처럼 엄마가 되었을 때, 내 살림은 그녀의 살림보다 훨씬 윤택했다. 만약 정성만 있었다면 나는 우리 아이들에게 내가 먹고 자랐던 것보다 훨씬 맛있고 고급스런 떡들을 먹일 수 있었다. 그러나 나는 부엌살림에 지나치게 정성들이는 것은 시간 낭비라고 생각했다. 시장에 가면 얼마든지 맛있는 떡을 사서 먹일 수 있고 맛있는 빵들도 많은데 떡을 직접 만든다는 것은 고리타분한 일이라고 생각했던 것 같다.

나 같은 생각을 가진 엄마들이 많았기 때문에 요즘 아이들은 우리 떡의 참 맛을 모르는 것 같다. 색과 모양이 현란하고 사탕처럼 달착지근한 퓨전화(化)된 떡을 우리 고유의 떡으로 알고 있다. '누군가가 하겠지' 라는 우리 세대의 안일한 생각과 무관심이 전통의 위기를 가져왔다고 말한다면 지나친 비약일까? 더 늦기 전에 스텐시루라도 구입해서 엄마 살아생전 떡 찌는 법을 전수 받아야겠다. 문득, 떡 익는 냄새가 코끝을 스친다.

●

발 문

꽃으로 만개한 우리의 이별

남궁 선 (시인)

> 우리는 어떻게 그 아이와 슬프지 않은 이별을 할 수 있을까? 장미꽃이 예쁘게 인쇄된 엽서에 나는 몇 줄 썼다. …… "언제 어디서든 너의 친절과 꽃을 좋아하는 사랑스런 아나카가 그리워질 거야." (「그리고 이사」 중에서)

이별의 순간을 떠올린다. 지난 시간 우리가 겪었던 이별과 또 어김없이 내 앞에 당도할 이별들. 그런 가슴 먹먹한 순간에 떠나간 사람이 남겨놓은 이별의 엽서는 남겨진 사람에게 위로가 될까? 빛이 바랜 장미와 닳아빠진 모서리로 남은 오래된 엽서를 미래의 아나카가 간직하고 있었으면 좋겠다. 이렇듯, 오랫동안 간직한 시간의 엽서를 글로 선물한 유인희의 수필집이 반갑다.

여기, 그녀가 태어났고 지냈던, 가족과 친구들이 있는 이 나라를 그녀가 떠났을 때 남겨진 사람들은 상실감으로 한동안 마음 침침한 날들을 보냈을 것이다. 현실에 놓여 진 일상이라는 바쁜 나날이 그녀에 대한 기억을 점차 흐리게 했다. 반면, 그녀가 "호주에서 터 잡기"를 하는 동안 그녀는 벅찬 하루의 일과마다에 두고 온 부모며 형제, 친구들을 더욱 간곡히 그리워했을 것이다. 그녀의 그리움은 '나는 누구인가? 왜 여기 이 자리에 서 있는가?'라는 존재에 대한 물음으로 이어졌고 골똘한 자기성찰이 수필집을 엮게 하였다.

유인희 글의 특징적인 면모는 호주의 낯선 풍경과 사람들을 한국의 친숙하고 그리운 이미지와 오버랩하여 의미의 영역을 확장하는 데에 있다. 그 역의 호환도 가능하다. 「단풍나무와 할머니」에서는 옆집에 사는 필리 할머니의 모습과 아흔 셋의 시어머님을 오버랩하여 떠올린다. 두 할머니의 외양은 다르지만 비슷한 연배의 할머니를 바라보는 작자의 시선은 '내 어머니, 내 식구, 내 나라'라는 소극적 사랑을 넘어 보편적 사랑과 연민으로 이야기의 진폭을 넓힌다. 또한 작자는 「무소의 뿔처럼 혼자서 가라」의 주인공 미혼모 마리안을 바라보며 한국의 현 사회풍속 일면을 사유함으로써 글의 의미를 개별적 체험에서 공동체적 체험으로 확대한다. 지면 상 일례를 들었을 뿐이지만 유인희의 작품집 곳곳에 드러나는 이러한 특징은 글을 읽는 내내 독자를 즐겁게 한다. 그녀의 글에서는 수필이라면 짐짓 강조하려드는 어설픈 아포리즘과 같은 형식을 찾아 볼 수 없다. 그저 일상에 대한 진솔한 고백과 수줍은 인사를 건네며 자신의 살아가는 방식을 보여줄 뿐이다. 그래서 그녀의 글은 늘 힘이 넘치고 단단하며 담백하다.

그녀의 글을 읽으며 자주 창밖을 내다보았다. 창은 크고 창밖의 사물들은 멀리 있었고 그녀가 앉아있는 창가까지 내 두 발은 뛰어가고 있었다. 그리하여 마주치곤 했던 그녀, 웅크리고 앉아 반짝이는 글을 써 내려가는 모습이 창가에 어른거린다. 우리 서로의 이별에 대한, 위로와도 같은 『호주에서 터 잡기』가 한 권의 책으로 만들어져서 기쁘다.